W0062320

Olivier Hanne
Thomas Flichy de La Neuville

Der Islamische Staat
Anatomie des neuen Kalifats

Übersetzung aus dem Französischen:
Caroline Gutberlet und Thomas Wollermann

VERGANGENHEITS
VERLAG

Olivier Hanne
Thomas Flichy de La Neuville

Der
Islamische Staat

Anatomie des neuen Kalifats

VERGANGENHEITS
VERLAG

Bibliografische Informationen der Deutschen Nationalbibliothek
Die Deutsche Nationalbibliothek verzeichnet diese Publikation in der
Deutschen Nationalbibliografie; detaillierte bibliografische Daten sind im
Internet über
http://dnb.d-nb.de abrufbar.

ISBN: 978-3-86408-184-2

Übersetzung aus dem Französischen:
Caroline Gutberlet und Thomas Wollermann
Erschienen im Verlag BG Éditions, Paris.

Grafisches Gesamtkonzept, Titelgestaltung, Satz und Layout:
Stefan Berndt – www.fototypo.de

© Copyright: Vergangenheitsverlag, Berlin / 2015
www.vergangenheitsverlag.de
www.facebook.com/vergangenheitsverlag

Alle Rechte, auch die des Nachdrucks von Auszügen, der fotomechanischen
und digitalen Wiedergabe und der Übersetzung, vorbehalten.

Dank

Die Autoren möchten allen Mitarbeitern danken, die ihnen bei ihren
Recherchen geholfen haben: Antoine Barrandon, Pierre Benages, Vianney
Bourgnignaud, Florent Cousin, Gilles Duplay, Rémi Leyrisse, Luigi de Icco,
Benoît Malet, Tautvydas Jaskunas, Adèle Nicolas, Kanako Ishida, Chloé
Verslype, Douglas Delpha, Pierre Reboul, Joseph Mennecier, Akira Miyazawa,
Carlo Scaglia, Xavier de Lesquen du Plessis Casso, Louis-Xavier Devanneaux,
Bruno Drécourt, Antoine Lallemand de Driesen, Guillaume Sevestre, Zsolt
Kappelert, Anne-Dounia Hadbi, Mathilde Langlois, Jessica Lombard, Mathilde
Quentel.

Einleitung

Die Geister der Vergangenheit kehren zurück

„In jenem Jahr [1257] brachen in Bagdad ungeheuer brutale Auseinandersetzungen zwischen Sunniten und Schiiten aus, die mit furchtbaren Plünderungen und Zerstörungen einhergingen. Unzählige Schiiten wurden niedergemetzelt, sehr zur Bestürzung des Wesirs Ibn al-Alqami, der wie eine wild gewordene Tigerin wütete und die Mongolen anstachelte, gegen den Irak vorzugehen, um Rache am Sunnismus zu nehmen [...] Zu Beginn des Jahres [1258] marschierte der [mongolische] Tyrann Hülägü an der Spitze seiner Heere nebst Georgiern und den Männern der Garnison von Mosul auf Bagdad zu. Der Präfekt des Kalifenpalastes zog an der Spitze des Bagdader Garnisonsheeres vor die Stadt, um die Vorhut des Mongolen aufzuhalten, doch die Muslime waren in der Unterzahl und wurden vernichtend geschlagen ... [Nachdem der Wesir Verhandlungsbereitschaft vorgetäuscht hatte,] begab sich der Kalif al-Mustasim in Begleitung der Hofnotabeln und aller wichtigen Persönlichkeiten dieses Moments, die dem Abschluss

des vorgesehenen Abkommens beiwohnen sollten, vor die Tore der
Stadt. Doch kaum dass sie draußen waren, ging ein Massaker los:
Ihre Köpfe fielen ausnahmslos. Der Kalif aber wurde einfach zu
Tode getrampelt."

Al-Dhahabi (zeitgenössischer Historiker aus Damaskus,
1274–1348)[1]

Am 10. Februar 1258 fiel Bagdad nach zweiwöchiger Belagerung
in die Hände der Mongolen. Die Stadt wurde systematisch
geplündert und ein Teil der Bevölkerung getötet. Nachdem
Hülägü, der Enkel Dschingis Khans, in die „Runde Stadt" mit
ihren prunkvollen Palästen eingezogen war und die schwarze
Flagge der Kalifendynastie der Abbasiden nicht mehr über
der bezwungenen Stadt wehte, gab sich der letzte Kalif al-
Mustasim mit seinen Söhnen in die Hand des Siegers. Er
hoffte wohl darauf, dass dieser Milde walten lassen würde.
Man führte ihn allein in ein Zelt und verlangte von ihm, die
Verstecke mit den sagenhaften Schätzen des Kalifats preiszu-
geben. Doch anschließend wurde al-Mustasim in einen Sack
eingenäht und von mongolischen Pferden zu Tode getrampelt.

Das Ende des letzten Abbasidenkalifen nährte den Traum,
eines Tages Rache zu nehmen an den mongolischen, persischen und christlichen Heeren, die die Kalifenstadt eingenommen hatten, und wieder einen Herrscher einzusetzen, der
mächtiger sein würde als Hülägü. Dieser Traum, der unter
ethnisch-religiösen, arabischen und sunnitischen Vorzeichen
stand, war lange Zeit in Vergessenheit geraten. In ihm ma-
nifestiert sich jedoch eine Wunschvorstellung, ohne die man
die weltlichen Ziele des fundamentalistischen Islam nicht
hinreichend verstehen kann. Sowohl al-Qaida als auch der
„Islamische Staat"[2] berufen sich darauf. Gleichzeitig verweist
dieser historische Rückgriff auf einen wichtigen Punkt: Die
Entstehung des Islamischen Staates, der Gegenstand dieses

Buches ist, ausschließlich unter den Gesichtspunkten Ökonomie und aktueller Weltlage zu verstehen, greift nicht nur zu kurz, sondern ist auch falsch. Die Erneuerung des Kalifats stellt sich vor allem als die Verwirklichung eines alten Traumes dar, und es besteht kein Zweifel, dass die Wiederbelebung der Bezeichnung „Kalif" einem emotionalen Donnerschlag gleichkam, der dem Westen gänzlich entging. Niemand weiß, ob Abu Bakr al-Baghdadi, Anführer der dschihadistisch-salafistischen Terrororganisation Islamischer Staat, schon morgen seine Befehle mit dem Siegel des Propheten Mohammed zeichnet. Das Schwert des letzten Kalifen hat er jedenfalls wiedergefunden, jenes Schwert, dessen Hülägü nicht habhaft werden konnte, weil es sich im Wunsch nach Rache der Besiegten verborgen hatte. Das unvermittelte Erscheinen der Terrororganisation Islamischer Staat im Irak und in Syrien (ISIS) und deren Ausrufung eines „Islamischen Kalifats" im Juni 2014 ist nicht bloß eine Episode am Rande.[2] Es stellt für dessen Anhängerschaft einen Gründungsmoment dar und ist insgesamt für die Geopolitik des Nahen Ostens und darüber hinaus ein einschneidendes Ereignis. Die politische und die religiöse Landkarte vom Euphrat bis zum Mittelmeer wurden neu gezeichnet – mit weitreichenden Auswirkungen für die arabische Welt und, wie wir spätestens seit den Anschlägen der jüngsten Zeit wissen, auch für den Westen, der zunehmend als Kampfgebiet des islamischen Terrors gesehen werden muss.

Wie bedenklich die aktuelle Lage ist, soll dieses Buch zeigen. Es ist Ergebnis der Zusammenarbeit eines Historikers und eines Geopolitologen. Ihr Anliegen ist es, freilich ohne Anspruch auf Vollständigkeit, die Sachlage bis Anfang 2015 wiederzugeben, einige Schlüssel zum Verständnis der dramatischen Ereignisse des Jahres 2014 zu liefern und zu untersuchen, was der Islamische Staat ist, wo er herkommt, was er vorhat und wie es um seine Zukunft beschieden ist.

Die Entstehung des Islamischen Staates

Das Islamische Kalifat ist nicht aus dem Nichts entstanden, im Gegenteil: Es lassen sich viele Bezüge aus der Frühzeit des Islam finden. Der damit verbundene Konflikt muss deshalb in einem historischen Kontext gesehen werden. Seine Entstehung ist darüber hinaus einer ganzen Reihe von klar auszumachenden Faktoren geschuldet, die schließlich zur Implosion Syriens, dann auch des Irak geführt haben. Tatsächlich ist der Islamische Staat (IS) aus dem Zusammenbruch dieser beiden Staaten hervorgegangen, aber auch weitere Faktoren spielten eine Rolle: die früheren willkürlichen Grenzziehungen britischer Besatzer, die laizistischen Bestrebungen der Baath-Partei, der seit Jahrhunderten schwelende Konflikt zwischen Sunniten und Schiiten, die Irak-Kriege, das politische Eingreifen des Westens, insbesondere der USA in jüngster Zeit. Dass es in diesem Gebiet immer auch um Öl und wirtschaftlichen Einfluss geht, macht das Phänomen IS um so brisanter.

Verwerfungen in der irakischen Gesellschaft

Schon unter Saddam Hussein war der Irak von auseinander-driftenden ethnisch-religiösen Kräften zerrissen: die sunnitischen Kurden im Norden (28 % der Bevölkerung), die schiitischen Araber im Süden, die landesweit größte Gruppierung (49 %), und die überwiegend regimetreuen sunnitischen Araber im Zentrum (17 %), von denen jene in Tikrit besonders privilegiert waren. Unter dem Sunniten Saddam Hussein waren die Schiiten, denen eine zu große Nähe zum schiitischen Regime in Iran nachgesagt wurde, in der Position der Unterdrückten, denen auch die Pilgerfahrt nach Kerbela untersagt war. Zu diesen Zerwürfnissen unter den Muslimen kam im Norden noch die Präsenz von Minderheiten hinzu, die auf den Schutz des Regimes zählen konnten, solange sie sich unterordneten: assyrische Christen, Chaldäer, Katholiken, Jesiden[3], Turkmenen[4] und sogar einige Juden. Für die IS-Eiferer ist der Irak eine Brutstätte von Ungläubigen, die der Wahrheit zugeführt, vertrieben oder getötet werden müssen. Das erklärt die brutalen Vertreibungen bei ihrem Einmarsch im Juni 2014 in Mosul, dem Zentrum der irakischen Christen.

Der Irak ist aber auch ein Mosaik aus arabischen Stämmen, die sich in der Nachfolge eines ruhmreichen Ahnherrn sehen, der zur Zeit des Propheten bzw. seiner engsten Gefährten gelebt haben soll. Die Stammesstrukturen gehen zurück auf die Mesopotamische Zeit und haben alle Invasionen überdauert. Ihr strukturgebender Charakter ist sehr real, viel stärker als der laizistische oder demokratische Staat. Trotz aller Wirren ist der Stammesverband nach wie vor das stärkste Bindeglied der irakischen Gesellschaft. Im Übrigen stützten sich die Briten beim Aufbau ihres Verwaltungssystems der *Indirect Rule* auf die Stämme, indem sie die Wasserverteilung und die Gebietskontrolle auf die Shaikhs, die Stammesführer, übertrugen. Die

Stammeszugehörigkeit hat seit der Mitte des 20. Jahrhunderts stark an Bedeutung verloren, dennoch hat die Gruppe für den Einzelnen große Bedeutung, vor allem in Krisenzeiten werden die traditionellen Solidarnetzwerke reaktiviert. So waren die Takriti, denen Saddam Hussein angehörte, für ihren Zusammenhalt und ihre gegenseitige Unterstützung bekannt. Saddam versuchte die Macht der Stammesfürsten zu schwächen, änderte seine Politik jedoch nach dem verlorenen Golfkrieg 1991. Die sunnitischen Strukturen erlebten daraufhin eine regelrechte Renaissance.[5]

Obwohl die irakische Gesellschaft sich als eine religiöse begriff, konnte sich nach der Machtübernahme durch die Baath-Partei 1968 ein gewisser Laizismus entwickeln. Diese politische Bewegung sozialistischer Prägung propagierte einen glühenden Nationalismus im Namen des Wiederaufbaus der arabischen Einheit. Die Länder Syrien und Irak wurden von der Baath-Bewegung regiert: Ab 1979 war Syrien fest in der Hand der Familie al-Assad, der Irak im Griff von Saddam Hussein. Letzterer instrumentalisierte die Baath-Partei und die Erdöleinnahmen zugunsten seines Klans und der Sunniten. Als Reaktion auf das Baath-Projekt, das sich laizistisch gab, um das Völkergemisch zusammenzuhalten, wurde die schiitische Mehrheit immer gläubiger, ja fundamentalistisch. Die Anhängerschaft des Islamischen Staates präsentiert das Kalifat nunmehr als die Wiederkehr eines Sunnismus, der Laizismus und Baathismus abgestreift hat und sich daher mit dem religiösen Eifer der irakischen Schiiten messen kann.

Diese Vorstellung hat zweifellos viele Sunniten, die nach 2003, als im Irak die schiitische Mehrheit die Macht übernahm, einen Bedeutungsverlust hinnehmen mussten, für extremistische Positionen empfänglich gemacht. Die gesamte Region ist geprägt von den allgegenwärtigen Moscheen, von muslimischer Geschichte und muslimischen Symbolen, eine ständige

Ethnisch-religiöse Situation im Irak

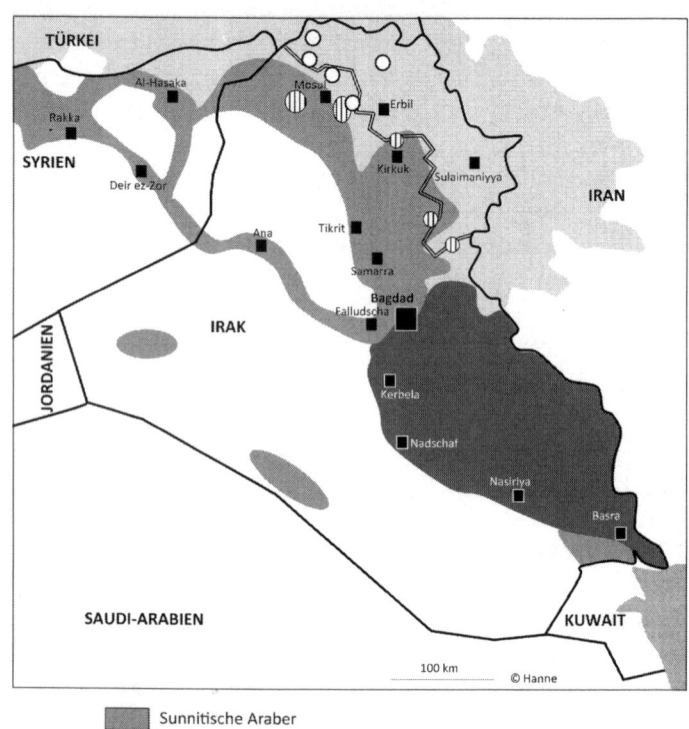

Sunnitische Araber

Schiitische Araber

Kurden

Südgrenze der Autonomen Region Kurdistan

Christen und Jesiden

Turkmenen

Mahnung an die Bewohner, ihren religiösen Verpflichtungen nachzukommen, der sich auch die nicht ganz so eifrigen Gläubigen und die Religionsfernen nicht entziehen können. Die Bekehrung zum Rigorismus erscheint unter diesen Umständen wie eine Rückkehr zur Frömmigkeit, die eine Vergebung der Sünden und den Sieg für die Sache Gottes, die viel zu lange vernachlässigt wurde, ermöglicht.[6]

Der Irak als Schauplatz des Kampfes um Energieressourcen

Der Irak besitzt mit rund 115 Milliarden Barrel eine der größten Erdölreserven der Welt. Der Internationale Währungsfonds gibt an, dass 90 Prozent der Staatseinnahmen aus dem Öl- und Gasexport stammen, und der Internationalen Energieagentur zufolge nimmt der Irak unter den Ölexportländern den dritten Platz ein. Diese Energiereserven schüren schon lange die Konkurrenz zwischen den Großmächten und nähren den Wunsch nach Unabhängigkeit im irakischen Teil von Kurdistan, das über zahlreiche Lagerstätten verfügt. Zwar heimsten die USA ab 2003 den Großteil der Förderverträge ein, doch seitdem liefern sich zahlreiche Investoren, angefangen bei ExxonMobile Europe über BP (Großbritannien, Niederlande) und Lukoil (Russland) bis hin zur China National Petroleum Corporation (CNPC), einen erbitterten Wettbewerb.

Die chinesischen Ölkonzerne (CNPC, PetroChina, Sinopec), und damit Peking, üben großen Einfluss auf den irakischen Ölmarkt aus. Der gegenwärtige Konflikt bedroht ganz klar die gewichtigen Interessen Chinas, die sich nach dem Ende der Invasion von 2003 in Verträgen niederschlugen. China hat von der schwachen Ausbeutung zahlreicher Lagerstätten massiv profitiert und ab 2008 viele Dutzend

Erdölvorkommen im Irak

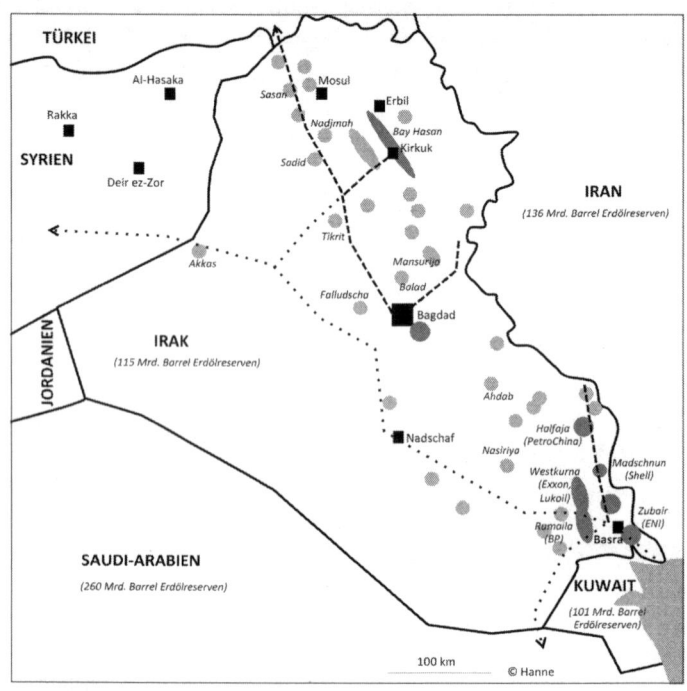

Große Ölfelder (5 Milliarden Barrel Reserven)

Kleinere Ölfelder

– – – – Öl-Pipelines

· · · · Stillgelegte Öl-Pipelines

Milliarden Dollar in die irakische Ölförderung investiert. Heute werden 50 Prozent des irakischen Erdöls nach China exportiert. Nach und nach eroberten PetroChina und CN-PC die riesigen Ölfelder – so auch Westkurna, eines der ertragreichsten Ölfelder der Erde, an dem der amerikanische Ölkonzern ExxonMobil noch 60 Prozent hält.[7] China stieg schnell zum besten Kunden und zum größten Investor Iraks auf. Außerdem sind 10.000 chinesische Facharbeiter an den irakischen Förderstätten beschäftigt.[8] Als ISIS im Irak aktiv wurde, saßen 1.250 chinesische Facharbeiter über mehrere Wochen wegen der Auseinandersetzungen zwischen irakischen Streitkräften und Dschihadisten fest, was man in Peking mit großer Sorge zur Kenntnis nahm.[9]

Angesichts der Eskalation der Gewalt forderte China die internationale Gemeinschaft zu einer sofortigen Reaktion auf und unterstützte sämtliche diesbezüglichen Debatten und Resolutionen der UNO.[10] Damit steht China paradoxerweise an der Seite der USA, seines größten Konkurrenten auf irakischem Boden. Mit dem Ziel, 80 Prozent der irakischen Ölreserven bis 2035 in den Zugangsbereich chinesischer Staatskonzerne zu bringen bzw. 8 Millionen Barrel pro Tag zu fördern, hat China nicht das geringste Interesse, die Kosten eines neuen Krieges zu tragen.[11]

Durch die aktuelle Krisensituation hat der Irak an wirtschaftlicher Attraktivität verloren, zumal die Infrastruktur zunehmend veraltet ist. Angesichts steigender Preise für irakisches Öl könnte sich die EU nach Iran umorientieren, und China nach Russland, mit dem es ohnehin seine diplomatischen Beziehungen intensiviert hat. Letztlich dürfte die Bedrohung, die der Islamische Staat darstellt, eine ganze Reihe von Erdöl-Großprojekten gefährden, darunter den Bau von zwei Pipelines durch PetroChina, die China mit dem Irak verbinden sollen.

Das irakische Kurdistan wiederum mit mehr als einem Viertel der Erdölreserven des irakischen Staates und geschätzten Gasreserven von 5.000 Milliarden Kubikmetern dürfte verschont bleiben, denn inzwischen hat es nicht nur Verhandlungen mit den auf dem eigenen Territorium aktiven (vornehmlich westlichen) Erdölgesellschaften eingeleitet, sondern auch damit begonnen, in Eigenregie Erdöl in die Türkei zu exportieren, das für die Türkei billiger kommt als russisches Erdöl. Die Streitigkeiten mit der irakischen Zentralregierung hat das nur noch verschärft, zumal der frühere schiitische Ministerpräsident Nuri al-Maliki die Autonomie Kurdistans infrage stellte. Die Autonome Region Kurdistan, die über eine eigene Gesetzgebung verfügt, setzt heute auf die Erdöl-Karte, um auch die politische Unabhängigkeit zu erlangen.[12] Dieses Ziel könnte durchaus erreicht werden, sollte der Konflikt mit dem Islamischen Staat zu einer Teilung des Irak führen.

US-Invasion und Zerfall des Irak (2003–2011)

Die amerikanisch-britische Intervention im Irak begann im März 2003, drei Wochen später wurde Bagdad erreicht. Die Koalition übertrug ab April die Staatsführung einer unter ihrer Aufsicht stehenden Regierung, löste die Baath-Partei von Saddam Hussein auf und entließ alle Kader der Diktatur, womit das Land über Nacht seine gesamte politische Elite verlor, was den Übergangsprozess erheblich erschwerte. Im Sommer 2003 gab eine Anschlagsserie in Bagdad den Auftakt zu einer endlosen Reihe von Explosionen und zahllosen Opfern unter der Zivilbevölkerung. Die USA stießen nicht nur auf den heftigen Widerstand der Sunniten, die sie entmachtet hatten, sie mussten auch gegen schiitische Milizen in Bagdad und im

Süden des Landes vorgehen: Ihr Demokratisierungsvorhaben fand nirgends Widerhall.

Im sunnitischen Gebiet entzog sich das „Todesdreieck" Tikrit–Falludscha–Ramadi trotz erbitterter Kämpfe im Jahr 2004 dem Zugriff der amerikanischen Streitkräfte. Der Aufstand von Falludscha bereitete den US-Truppen große Probleme. Auf schiitischer Seite stießen die Streitkräfte der amerikanisch-britischen Koalition auf den erbitterten Widerstand der *Mahdi-Armee*, der Miliz des Imams Muqtada as-Sadr. Die Anschläge im schiitischen Gebiet gefährdeten die US-amerikanische Präsenz, die schließlich nur durch Wahlen im Januar 2005 weiter gewährleistet werden konnte, bei denen die Schiiten und Kurden als Sieger hervorgingen. Die Sunniten waren den Urnen weitgehend ferngeblieben und bereiteten so das Terrain für ihre eigene Marginalisierung und ihre Ressentiments der kommenden zehn Jahre vor. Am 6. April 2005 wurde der Kurde Dschalal Talabani vom irakischen Parlament in der Hoffnung zum Staatspräsidenten gewählt, dass er die Teilung des Landes besiegeln oder einen Föderalismus einführen würde, der Kurdistan die völlige Autonomie verschaffte. Wieder fühlten sich die Sunniten, die die Einheit des Landes mit der Baath-Partei aufgebaut hatten, geprellt. Die Hinrichtung von Saddam Hussein im Dezember 2006 nach einem zweifelhaften Prozess verstärkte nur noch ihren Hass auf die Zentralregierung, in der hauptsächlich Schiiten saßen, die mit der Besatzungsarmee gemeinsame Sache machten.

Infolge der Vereinbarungen zwischen den USA und der schiitischen Mehrheit sowie einer besseren Koordinierung der Streitkräfte und der Nachrichtendienste sank die Zahl der gewaltsam zu Tode gekommenen Zivilisten der Gruppe Iraq Body Count (IBC) zufolge von 30.000 im Jahr 2006 auf 9.600 im Jahr 2008 und auf 4.000 zwei Jahre später. Doch das

Zentrum des Landes und die Hauptstadt versanken immer mehr im Chaos, geschürt durch konfessionellen Hass. Mit Unterstützung schiitischer Milizen und amerikanischer Sondereinheiten übte die Zentralregierung Druck auf ehemalige Anhänger der Baath-Partei und die Sunniten aus. Auf beiden Seiten trieben informelle Gruppen – eine Mischung aus Verbrecherbanden und Terrormilizen – ihr Unwesen mit Entführungen, Erpressungen und Morden. Ab Frühjahr 2004 gab es die ersten Anzeichen dafür, dass sich al-Qaida nahestehende Kämpfer auf irakischem Boden aufhielten. Sie hatten es beim Anschlag vom 19. Dezember 2004 auf die Regierungstruppen, schiitische Wohngebiete und die Mausoleen von Kerbela und Nadschaf abgesehen.

Zwischen 2004 und 2006 bildeten sich zahlreiche militante sunnitische Gruppierungen, die von den USA, der irakischen Armee und schiitischen Milizen bekämpft wurden. Anfangs setzten sie sich aus ehemaligen Soldaten der Republikanischen Garde und der irakischen Armee und aus ehemaligen Mitgliedern der Baath-Partei zusammen, aber viele radikalisierten sich, verschrieben sich dem Islamismus und nahmen schließlich auch ausländische Dschihadisten in ihre Reihen auf. Darunter sind zu nennen:

– die antischiitische kurdische *Armee der Verteidiger der Überlieferung* (*Dschaysch Ansar as-Sunnah*), sie schloss sich dem Netzwerk von Osama bin Laden an;

– die *Islamische Armee im Irak* (IAI), mit besonders vielen Mitgliedern, aber seit 2007 gegen die vorgenannte Gruppierung gerichtet, der sie die Gefolgschaft verweigerte;

– das *Einheitsbekenntnis und Heiliger Krieg* (*at-Tauhid wa-l-Jihad*), formierte sich in den 1990er Jahren und unterstand Abu Musab az-Zarqawi. Der Erzfeind der Schiiten wurde 2006 bei einem amerikanischen Luftangriff getötet. Nachdem er die Führung über den militärischen Zweig von al-Qaida im

Irak übernommen hatte, gründete seine Bewegung 2006 den *Islamischen Staat im Irak* (ISI), ein virtuelles, terroristisches Emirat unter Führung von Abu Umar al-Baghdadi, einem Iraker, der sich „Emir" nannte (arab. „Befehlshaber"), wie im Mittelalter die Provinzgouverneure des Islamischen Reiches. Er wurde von Osama bin Laden unterstützt. Baghdadi wurde 2010 getötet. Aus dieser Organisation ging 2013 der *Islamische Staat im Irak und in Syrien* (ISIS) hervor, auf Arabisch *al-Daula al-Islamiyya fi-l-Iraq wa-l-Sham* oder kurz *Da'ish*. 2010 zählte diese Gruppierung nicht mehr als 1.000 Männer und führte ihre Operationen im Schatten von al-Qaida durch, doch dann machte sie sich den syrischen Bürgerkrieg und die Durchlässigkeit der Grenzen zunutze, um sich zu vergrößern. Ab 2007 wurde die religiöse Indoktrinierung in der Bewegung verstärkt und vereinheitlicht, während das amorphe Gebilde von al-Qaida doktrinäre Unterschiede durchaus zuließ. Nach Abu Umar al-Baghdadis Tod wurde Abu Bakr al-Baghdadi zu seinem Nachfolger bestimmt. Er leistete einen Gefolgschaftseid auf Aiman az-Zawahiri, den Stellvertreter von Osama bin Laden seit dessen Tod im Mai 2011. Durch den Anschluss an al-Qaida profitierte Da'ish von den Ratschlägen, Trainingslagern, Netzwerken und vor allem vom Ansehen der Terrororganisation.

Man zählt noch ein gutes Dutzend weiterer Organisationen, die alle aus *Katiba*, kleinen autonomen Kampfgruppen, bestehen. Geheimdienst haben allein in Syrien 7.000 davon ausgemacht. Das Ganze ist ein amorphes Gebilde, dessen Teile über vasallenartige Bande mit einem Chef verbunden sind, der eine Art mittelalterlicher Emir ist. Aus diesen sehr flexiblen, wenig hierarchischen Gruppierungen entsteht schließlich das Islamische Kalifat.

Nuri al-Maliki führt den Irak in die Sackgasse

Um dem von al-Qaida geschürten Chaos zu begegnen, suchten die irakische Regierung und das amerikanische Militär auf Betreiben von US-General David H. Petraeus ab 2007 auch den Rückhalt der im Zentrum des Landes beheimateten sunnitischen Stämme. Zu diesem Zweck bildeten sie sogenannte Sahwa-Komitees (*as-sahwa* bedeutet „Erwachen"). Diese Milizen aus Aushilfs-Sicherheitskräften stellten so etwas wie sunnitische Nationalgarden dar und wurden mit Waffen ausgestattet, um die islamistischen Bewegungen zu bekämpfen. Mehr als 100.000 Stammeskämpfer dienten dem irakischen Staat mit der Aussicht, eines Tages in die Ränge der staatlichen Sicherheitsdienste aufgenommen zu werden.[13] Tatsächlich konnte auch dank der Hilfe dieser Milizen und der durch sie vertretenen Stämme über mehrere Jahre hinweg die Zahl der Toten und der Anschläge vermindert werden.

Doch Ministerpräsident Nuri al-Maliki (2006–2014) war zu schwach, um eine Einigung herbeizuführen, und er ließ zu, dass sich das Chaos in einem Land ausbreitete, in dem das Miteinander der Volksgruppen bis 2003 auf Unterdrückung der einen und Begünstigung der anderen beruhte. Der starke Einfluss der USA auf die irakische Regierung untergrub deren Legitimität, eine Politik des Ausgleichs wurde nicht eingeleitet. Ein Beispiel: Die im September 2005 gemeinsam von 10.000 irakischen und amerikanischen Soldaten durchgeführte Offensive gegen Aufständische in Tal Afar zwang an die 300.000 sunnitischen Turkmenen zur Flucht. Die Stadt Tal Afar galt als Hochburg der von al-Qaida gesteuerten irakischen Guerilla. Ziel war die Jagd auf Terroristen, aber es war die gesamte Bevölkerung, die unter den Razzien zu leiden hatte und aus ihren Häusern vertrieben wurde. Dieser amerikanisch-irakische Überfall beeinträchtigte unmittelbar die ohnehin schon geringe Akzeptanz des irakischen Staates unter Besatzungsstatut. Die Antwort darauf ließ nicht lange auf sich warten: Die Offensive gegen Tal Afar wurde am 10. September eingeleitet, vier Tage später erschütterte darüber hinaus eine Serie von elf Anschlägen, die gegen Schiiten gerichtet waren, die Hauptstadt Bagdad.

Der Abzug der amerikanischen Truppen wurde von US-Präsident Barack Obama zwar beschleunigt und war Ende 2011 abgeschlossen, aber damit wurde Ministerpräsident al-Maliki, der auch im eigenen Lager umstritten war, allein die Regierung seines zersplitterten Landes überlassen. Sein autoritärer Regierungsstil schürte den Hass der sunnitischen Stämme und ebnete den Weg für ihren Anschluss an jene Gruppierungen, die später Da'ish gründeten. Al-Maliki ließ die Sahwa-Komitees auflösen und brach damit sein Versprechen auf offizielle Anerkennung ihrer Dienste.[14] Immer wieder wurden Sunniten durch schiitische Milizen und Soldaten gedemütigt, ob bei Polizeikontrollen, in Gefängnissen oder auf der Straße; Prügel, Beleidigungen, sogar Vergewaltigungen waren an der Tagesordnung. Dörfer wurden bombardiert. Laut UN-Angaben wurden allein 2013 insgesamt 8.000 Menschen getötet. In den Medien beschimpfte der Ministerpräsident die „Aufsässigen" pauschal als Agenten von al-Qaida. Die dadurch geschürte Entrüstung war ein günstiger Nährboden für die Ausbreitung des religiösen Extremismus unter den Sunniten.

2013 richtete der in Falludscha und Ramadi allgegenwärtige Stamm der Jumaila, der die amerikanischen Soldaten bekämpft hatte, als Gegenkraft zu den Streitkräften al-Malikis eine militärische Kommandoeinheit aus Klanführern und ehemaligen Saddam-Offizieren ein, um den Volkswiderstand zu mobilisieren. Shaikh Hamud al-Jumaili leitete die Operationen: Schutzmaßnahmen und öffentliche Kundgebungen (Demonstrationen, Sit-ins).[15] Doch im November 2013 wurde al-Jumaili durch Regierungstruppen gefangengenommen und ermordet. Auf dieselbe Weise wurden noch weitere sunnitische Oberhäupter gefasst und umgebracht, darunter im Januar 2014 auch der Abgeordnete Ahmad al-Alouani.[16] Zur selben Zeit eroberten ISIS-Dschihadisten mehrere Viertel von Falludscha; Teile der Bevölkerung flohen aus der Stadt, die Männer bildeten Selbstverteidigungsmilizen und schlossen sich den ISIS-Leuten an, um die „antiterroristische" Offensive der Regierungstruppen aufzuhalten.[17]

Diese beschossen, Human Rights Watch zufolge, ein Krankenhaus und Wohnquartiere mit Fässern voller Sprengsätzen. Für viele sunnitische Iraker war al-Maliki eine Marionette im Dienste Teherans, das auf eine iranische Vergeltung für den irakisch-iranischen Krieg von 1980–1988 sann.[18] Eine neue Anschlagsserie gegen die Schiiten war die Reaktion, und das Ansehen von al-Qaida wuchs weiter, ganz ohne dass das im Untergrund operierende Netzwerk seine Präsenz vor Ort ausbaute.

Bei der Bildung der irakischen Regierung im Jahr 2003 erfolgte die Vergabe der wichtigsten Ämter nach konfessionellen und ethnischen Kriterien, nicht nach individuellem Verdienst um das Gemeinwohl. Die Hilfe des Westens für den Wiederaufbau des Landes floss hauptsächlich in die Ölförderanlagen, wobei systematisch amerikanische Firmen bevorzugt wurden; die Iraker wurden nicht zurate gezogen.[19] Das Ende der US-amerikanischen Präsenz im Irak hat auch das Schicksal eines moribunden Staates besiegelt, in dem ausnahmslos alle Ministerien im eigenen – regionalen oder ethnischen – Interesse tätig waren. Davon zeugen die zahllosen Demonstrationen gegen die Staatsmacht, von denen einige in einem Blutbad endeten, so in Huweidscha im April 2013, als bei Zusammenstößen mehr als 50 Menschen starben.[20] Dieses wiederholte Blutvergießen hatte politische Konsequenzen: Zwischen März und April verließen vier Minister sunnitischer Konfession die Koalitionsregierung. Dass es schlecht um den Staat bestellt war, war allenthalben ein offenes Geheimnis.

Der Krieg in Syrien im Hintergrund (2011–2014)

Ein weiterer Auslöser für die Entstehung des Islamischen Staates war der Krieg in Syrien.[21]

Im März 2011 kam es in zahlreichen Städten zu friedlichen Demonstrationen gegen das autoritäre Regime von Baschar al-Assad. Obwohl sie von den staatlichen Sicherheitskräften blutig niedergeschlagen wurden, weitete sich die Protestbewegung aus und ergriff auch Teile der syrischen Armee. Die Überläufer bildeten die laizistisch ausgerichtete *Freie Syrische Armee* (FSA). Al-Assad reagierte mit Gewalt auf die Rebellion. Ende 2011 schlugen die Auseinandersetzungen in einen bewaffneten Konflikt und in einen Bürgerkrieg um. Ab 2012 erhielt die FSA Unterstützung durch die Arabische Liga und die wichtigsten westlichen Staaten, die sich bereit erklärten, die Rebellen via Türkei, Katar und Saudi-Arabien mit Waffen zu beliefern. Diese Verbindungen erleichterten gleichzeitig die Einreise von zahlreichen Unterstützern des Dschihad ausländischer Herkunft: Algerier, Libyer und auch Europäer mit Migrationshintergrund. Die Freie Syrische Armee musste sich mit den Neuankömmlingen arrangieren, die sie nicht unter Kontrolle hatte und die völlig andere Ziele verfolgten. Baschar al-Assad wiederum erhielt bedingungslose Unterstützung von der libanesischen Hisbollah und vom Iran.[22] Russland zeigte sich wohlwollend gegenüber Syrien, zu dem es seit den 1950er Jahren besondere Beziehungen unterhält. So kam es, dass innerhalb nur weniger Monate die politischen Auseinandersetzungen in einen religiösen Konflikt umschlugen: Die sunnitische Bevölkerungsmehrheit (70 %) stellte sich gegen die Minderheiten, die streng konservativen Sunniten machten Front gegen die Schiiten und Alawiten[23], denen sich schon bald die christlichen Minderheiten anschlossen.[24] Annähernd 200.000 Menschen – Kurden und Araber – flüchteten in Richtung irakische Grenze. Im Jahr 2012 nahm allein die irakische Provinz Anbar mehr als 20.000 Flüchtlinge auf.[25] Dabei gelangten vermutlich auch Dschihadisten ins Land und schlossen sich der irakischen Zelle von al-Qaida an.

Der syrische Bürgerkrieg bereitete den idealen Nährboden für die Entstehung des Islamischen Staates: Abseits des Blickfelds der Medien und der internationalen Gemeinschaft konnten seine Anhänger im Kampf gegen die syrische Armee erste Erfahrungen sammeln. Militärische Schulung, Eigenherstellung von Sprengsätzen, sogar der Überfall auf Mosul, der im Mai 2014 im syrischen Rakka geplant wurde – der im Entstehen begriffene Islamische Staat konnte sich keine besseren Bedingungen erhoffen, um zu wachsen und sich im Kampf zu erproben.

Mehr noch, unzählige kleine Gruppen – die einen syrisch-laizistisch, die anderen dschihadistisch und mit hohem Ausländeranteil – machten sich das Ungeschick des Westens und die militärische Hilfe der USA und Europas für die Rebellen gegen das Assad-Regime zunutze, um in den Besitz der zuhauf verteilten leichten Waffen zu gelangen (Sturmgewehre, Granaten, Panzerabwehrraketen usw.).[26] Nicht zu unterschätzen ist auch die Rolle der USA bei der Militärausbildung syrischer Rebellen, von denen die meisten inzwischen dem IS dienen: Mindestens 200 Soldaten der Freien Syrischen Armee erhielten Anfang 2013 eine amerikanische Militärausbildung in Jordanien.[27]

Nach 2012 hörte Syrien faktisch auf zu existieren. Die Freie Syrische Armee war mit den dschihadistischen Gruppierungen völlig überfordert, das Zweckbündnis zerbrach.[28] Die loyalen Regimetruppen kontrollieren Damaskus und die Westhälfte des Landes; der Norden und der Osten hingegen sowie einige Widerstandsnester an der jordanischen Grenze sind ihnen völlig entglitten. Doch Präsident al-Assad beherrscht die Kunst der politischen und medialen Manipulation. So soll er zu Beginn des Aufstands inhaftierte Salafisten freigelassen haben, um die Stimmung anzuheizen und die Protestbewegung wegen angeblicher Verbindungen zu al-Qaida zu diffamieren.[29]

In Syrien sind insbesondere folgende Rebellengruppen auszumachen:

– Die *Partei der Demokratischen Union* (PYD) der sunnitischen Kurden, die für eine Autonomie der hauptsächlich von Kurden bewohnten Gebiete im Norden Syriens kämpfen. Seitdem die Grenze zwischen Syrien und Irak faktisch nicht mehr existiert, arbeitet die PYD Hand in Hand mit den Kurden aus dem irakischen Kurdistan zusammen, was von der Türkei, die eine Autonomie der kurdischen Minderheit auf ihrem Staatsgebiet strikt ablehnt, als Bedrohung empfunden werden kann. Die türkischen Finanzhilfen für die syrische Rebellion sind natürlich auch mit der kurdischen Frage verbunden.

– Die salafistische *Islamische Front* mit sehr vielen Anhängern will die Scharia im Land einführen. Sie wird vermutlich von Saudi-Arabien unterstützt.

– Die *Jabhat an-Nusra* („Siegesfront") mit 10.000 bis 20.000 Kämpfern.[30]

Die letztgenannte Gruppierung war ursprünglich ein bewaffneter Arm der militanten Organisation *Islamischer Staat im Irak und in Syrien,* der im Januar 2012 auf Betreiben von Aiman az-Zawahiri und damit al-Qaida gegründet wurde, um die Alawiten-Herrschaft zu beenden und das Land *Sham,* also die Levante bzw. Großsyrien (Syrien und Libanon) zurückzuerobern. Jabhat an-Nusra wurde dem Kommando von Abu

Muhammad al-Jaulani, einem Gefolgsmann von Abu Bakr al-Baghdadi, unterstellt. Damit kooperierte ISIS auf syrischer Seite mit an-Nusra und auf irakischer Seite mit al-Qaida.

In Syrien zielten beide Gruppierungen auf die Befolgung der Scharia in den Nahost-Ländern insbesondere durch die Auslöschung des Schiitentums, langfristig auch durch Angriffe auf die USA und den Westen. Aufgrund interner Streitigkeiten, vor allem aber aufgrund der persönlichen Ambitionen al-Baghdadis entfernte sich Jabhat an-Nusra immer mehr von ISIS und im Mai 2014 kam es schließlich zum Bruch. Ihr Anführer schwor daraufhin Zawahiri (al-Qaida) Gefolgschaftstreue. Die Nusra-Front, die seit August 2011 in Syrien präsent ist, konnte sich durch den Aufbau von Verwaltungsstrukturen in den Städten, die Sicherung von Ölreserven und die Einrichtung von Hilfsdiensten das Wohlwollen der Bevölkerung sichern; sie findet einen starken Rückhalt bei den Ortsansässigen, die sich durch das Alawiten-Regime im Stich gelassen fühlen. Die eigenmächtige Proklamierung des grenzüberschreitenden Islamischen Kalifats durch al-Baghdadi stellte allerdings die Machtsphäre der Nusra-Front in Syrien in Frage, und es kam zu Kämpfen zwischen den ehemaligen Verbündeten. Al-Jaulani näherte sich daraufhin az-Zawahiri an, schloss sich dem Terrornetzwerk al-Qaida an und sicherte sich so finanzielle Hilfe sowie eine größere Glaubwürdigkeit und Autonomie. Letztlich beruht der Gegensatz zwischen Da'ish und der Nusra-Front, die durch al-Qaida gestützt wird, auf persönlichen wie auf doktrinären Rivalitäten.

Trotz der siegreichen Einnahme von Rakka durch ISIS im März 2013 ist es seit Januar 2013 in Syrien vermehrt zu Zusammenstößen zwischen beiden Gruppierungen gekommen,[31] insbesondere in den Erdölgebieten und rund um die ostsyrische Stadt Deir ez-Zor. Diese Gefechte haben auch mit der unterschiedlichen Zusammensetzung der Organisationen zu tun. Während Jabhat an-Nusra sich hauptsächlich aus Syrern rekrutiert, die früher auf Seiten der Freien Syrischen Armee kämpften, bevor sie sich der reicheren, besser organisierten und vor allem stärker religiös ausgerichteten Nusra-Bewegung anschlossen, stammen die IS-Kämpfer fast ausschließlich aus dem nichtsyrischen Ausland: Über 70 Prozent der Mitglieder der bewaffneten Gruppen von Da'ish in Syrien kommen aus dem Irak, aus Somalia und sogar aus Europa.[32] Im Unterschied zu an-Nusra hat ISIS mehrfach seine Ablehnung gegenüber militärischer Hilfe durch Ungläubige im Kampf gegen Assad erklärt. Die Bekämpfung der Nusra-Front brachte dem IS keine Vorteile, zwischen 2013 und 2014 verlor er im Osten Syriens – mit Ausnahme der Stadt Rakka – sogar an Boden. Doch die militärischen Erfolge des IS im Sommer 2014 brachten der Organisation Aufwind: Hunderte Nusra-Kämpfer zogen es vor, zur dynamischeren Konkurrenzorganisation zu wechseln.[33]

Auf irakischer Seite war 2011 ein katastrophales Jahr für die dortige Al-Qaida-Zelle AQAH *(Al-Qaida auf der Arabischen Halbinsel),* da sie in den pausenlosen Angriffen der amerikanischen und irakischen Truppen fast vollständig zerrieben wurde. Doch ab 2012 konnte sich die Organisation, begünstigt durch Fehlentscheidungen des irakischen Ministerpräsidenten und den Rückzug der USA, wieder neu formieren. Zwischen 2012 und 2013 war nicht Da'ish, sondern AQAH die aktivste Bewegung im Irak. Die Gruppierung war für ein Dutzend Anschläge pro Monat mit insgesamt tausend Opfern verantwortlich. Schiitische Wohnviertel in Bagdad, aber auch küstennahe Gebiete im Süden des Landes waren besonders betroffen – dazu war al-Baghdadi nicht in der Lage. Dennoch begann ISIS mit der eigenständigen Planung von Terrorkampagnen und setzte sich zunehmend über die operativen Weisungen von al-Qaida hinweg. Im Juli 2012 startete Da'ish die Operation „Grenzvernichtung". Am 21. Juli gelang es, das berüchtigte Bagdader Abu-Ghuraib-Gefängnis zu stürmen und 500 Insassen zu befreien. Im August 2013 startete AQAH eine eigene, ebenso mörderische Kampagne mit dem Namen „Soldatenmähen", wohl um ihr Zerstörungspotenzial zu betonen.[34]

Diese Vorgänge in Syrien und im Irak führten schließlich dazu, dass die schwer greifbare Organisation, die für den 11. September verantwortlich ist, alle Verbindungen zu Da'ish abbrach. Al-Baghdadi und seine Gruppierung agierten ihr zu eigenständig. Und mit der einseitigen Proklamierung des Islamischen Kalifats im Irak wurde diese Eigenständigkeit zu offensichtlich.

Der Opportunismus der irakischen Sunniten

„Dass ISIS gekommen ist, hat mehr mit lokalen Interessen als mit einem Glaubenskrieg zu tun."
Ein Turkmene aus Taze[35]

Unter den irakischen Stämmen, deren Gebiete unter der Kontrolle des IS stehen, herrschen große Uneinigkeit und genereller politischer Opportunismus. Nach dem Ersten Weltkrieg wurde die syrisch-irakische Grenze durch das Sykes-Picot-Abkommen vom 16. Mai 1916 zwar geschlossen, trotzdem verkehrten die Bewohner der Grenzregionen des Libanon, Syriens und Nordiraks weiterhin miteinander, aber nicht nur wegen ihr gemeinsamen Erdöl-Interessen (die IPC, die Öl-Pipeline von Kirkuk nach Tripolis, führt durch alle drei Länder), sondern vor allem aufgrund ihrer Verbundenheit als Araber und Sunniten. In Syrien schlossen sich viele Baath-Offiziere der Freien Syrischen Armee an und sahen sich dann im Kampf gegen das schiitisch-alawitische Assad-Regime zu einer Zusammenarbeit mit islamistischen Gruppierungen gezwungen, genauso

Das Sykes-Picot-Abkommen vom 16. Mai 1916

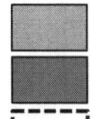

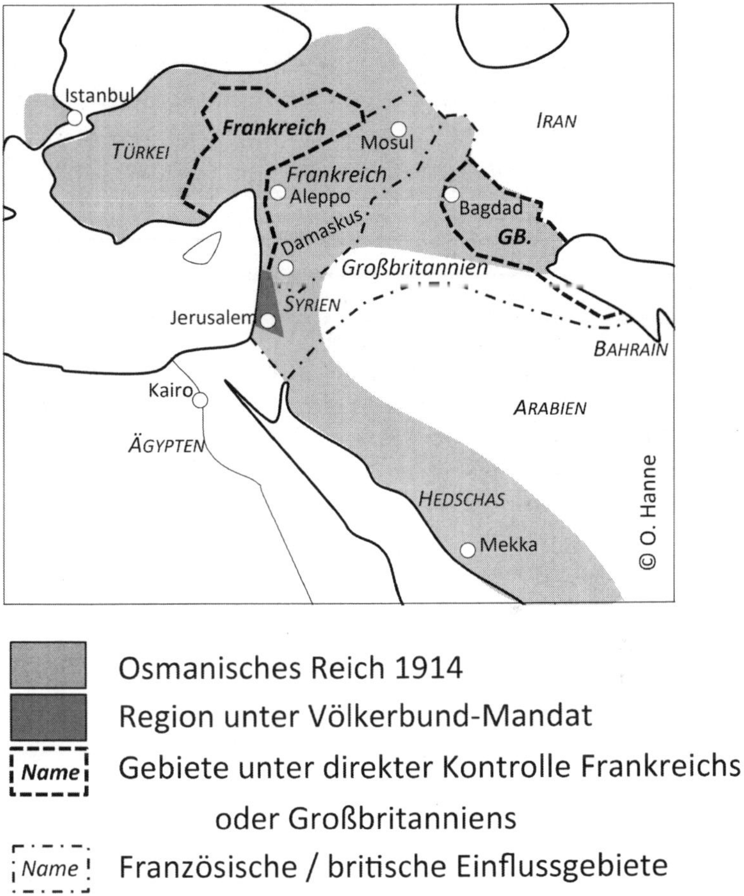
Istanbul
TÜRKEI
Frankreich
Mosul
IRAN
Frankreich
Aleppo
Bagdad
Damaskus
GB.
Großbritannien
SYRIEN
Jerusalem
BAHRAIN
Kairo
ARABIEN
ÄGYPTEN
HEDSCHAS
Mekka
© O. Hanne
Osmanisches Reich 1914
Region unter Völkerbund-Mandat
Name
Gebiete unter direkter Kontrolle Frankreichs oder Großbritanniens
Name
Französische / britische Einflussgebiete

wie ihre irakischen Baath-Kollegen, die sich im Kampf gegen die schiitische Regierung in Bagdad Da'ish anschlossen. Offenbar arbeiteten die alten Kader der irakischen Baath-Partei mit IS-Leuten zusammen, um die Autonomie des sunnitischen Gebiets zu sichern, und zwar mit der stillschweigenden Zustimmung von Masud Barzani, dem Präsidenten der Autonomen Region Kurdistan im Nordirak. Die Einnahme von Mosul im Juni 2014 durch den IS soll die Folge dieser opportunistischen Zusammenarbeit gewesen sein.[36] Abu Abdul Rahman al-Bidawi, der derzeitige Leiter der Militäroperationen von Da'ish, ist ein ehemaliger Saddam-Offizier; auf syrischer Seite sind sowohl der von al-Baghdadi designierte Gouverneur der Provinz Anbar als auch der Gouverneur der ostsyrischen Stadt Deir ez-Zor ehemalige Baath-Offiziere.[37]

Diese zwiespältige Haltung ist außer bei den früheren Baath-Eliten auch bei den sunnitischen Stammesführern anzutreffen. Da die Stämme hofften, ihren alten politischen Status und vor allem einen Teil der Erdöleinnahmen zurückzugewinnen, lehnten sie den Föderalismus ab. Allerdings scheiterte der Vorstoß mehrerer sunnitischer Provinzen (Anbar, Salah ad-Din, Diyala, Ninive) im Jahr 2011, Referenden über ihre Autonomie abzuhalten. Der in der Provinz Anbar beheimatete Dulaimi-Stamm unterstützt derzeit die Rebellion. Dieser Stamm zählt drei Millionen Mitglieder und tausend Klans, die seine militärische Vergangenheit verklären, insbesondere seine Teilnahme an den ersten arabischen Eroberungen im 7. Jahrhundert. 25 Prozent sind nomadische Beduinen, die übrigen sind Bauern, die entlang des Euphrat leben und deren Siedlungsgebiet sich über Ramadi bis nach Bagdad erstreckt. Das ganze 18. Jahrhundert hindurch leistete der Stamm Widerstand gegen das osmanische Kalifat, indem er die Entrichtung von Steuern verweigerte. Im Ersten Weltkrieg unterstützten die Klans zunächst das Osmanische Reich gegen die Briten, wechselten aber 1917 mit Shaikh Ali Sulaiman die Seiten. Nach dem Krieg herrschte unter den Klans Uneinigkeit gegenüber den Briten, später standen sie vereint hinter Saddam Hussein, der sie massenhaft in die Armee berief.[38] Im Irakkrieg von 2003 war der Dulaimi-Stamm nach den Bombardierungen von Falludscha und Bagdad, wo viele Dulaimi leben, der Hauptunterstützer des Aufstands gegen die US-amerikanische Besatzungsmacht.

Geeint ist dieser Stamm heute noch lange nicht, denn es zählen auch schiitische Klans zu den Dulaimi, insbesondere in Nadschaf, Kerbela, Basra, Babil und Bagdad. Seine Unterstützung für den IS ist an Bedingungen geknüpft und ist insbesondere durch die Ablehnung der schiitischen Regierung in Bagdad motiviert.[39] Außerdem ist die Erinnerung an die Ermordung des Vaters des heutigen Shaikhs, Ali Hatem Sulaiman, durch al-Qaida im Jahr 2001 noch nicht verblasst. Sollten seine Forderungen durch die neue Regierung erhört werden, könnte der Stamm sein Bündnis mit dem neuen Islamischen Staat beenden. Im Übrigen hat der Shaikh erklärt, dass Da'ish nur einen Bruchteil der sunnitischen Opposition ausmachen würde und dass „Bagdad erst Zugeständnisse machen muss", bevor er sich gegen Da'ish wendet.[40]

Der Islamische Staat findet in zwei weiteren großen Stämmen Rückhalt, den Dschubur und den Schammar. Ersterer ist mit sechs Millionen Mitgliedern der größte irakische Stamm. Die Dschubur sind im Norden des Landes beheimatet, zum größten Teil sind sie Sunniten, aber es gibt unter ihnen auch viele Schiiten. Während der amerikanischen Besatzung standen sie in Opposition zu al-Qaida, weil die Terrororganisation zahlreiche Stammesführer ermordete, darunter auch ihr Oberhaupt. Der jetzige Stammesführer Ismail el-Dschuburi ist bekannt für seine Ablehnung der amerikanischen Besatzung und von al-Qaida.[41]

Der Stamm der Schammar zählt drei Millionen Menschen, die vor allem rund um Mosul leben. Sie sind Nachkommen des jemenitischen Stammes der Tayy. Unter der Dynastie der Muntheriden, die sich ab dem 17. Jahrhundert bei Mosul niederließ, herrschten die Schammar über den Irak und waren auch das ganze 20. Jahrhundert hindurch sehr einflussreich. Sie waren 1920 eine treibende Kraft in der irakischen Revolution gegen die Briten und unterstützten die Baath-Partei. Doch Saddam Hussein blieb ihnen gegenüber stets misstrauisch, weil sie Kontakt zu Schammar-Klans hielten, die in Saudi-Arabien verblieben waren, zumal das Nachbarland nach 1990 ein Feind Iraks war. Die Schammar teilen sich in einen sunnitischen Zweig im Norden (Schammar al-Dscharba) und einen schiitischen Zweig im Süden (Schammar Toga); Letzterer ließ sich ab dem 19. Jahrhundert bei Suwaira in der Provinz Wasit nieder.[42] Nach dem Sturz von Saddam Hussein wurde ihr Oberhaupt Ghazi al-Jawar zum Präsidenten der von den USA eingesetzten Übergangsregierung ernannt (2004/05).[43] Doch die mit den Parlamentswahlen ermöglichte Umkehrung der politischen Kräfteverhältnisse zugunsten der Schiiten trieb die Klans ins gegnerische Lager, sodass sie heute den Islamischen Staat mit zahlreichen Kämpfern unterstützen. Einige lehnen dennoch den IS auch ab, sogar in der Provinz Anbar.[44]

Geteilt in sunnitische und schiitische Zweige, zerrissen durch auseinanderklaffende Interessen, legen die irakischen Stämme, die sich heute auf dem Gebiet des Islamischen Staates befinden, ein ausgesprochen opportunistisches Verhalten an den Tag. Sie sehen sich als Kämpfer gegen die Unterdrückung. Die degradierten Offiziere, die entmachteten Baath-Eliten, das Tag für Tag gedemütigte einfache Volk – alle stehen vereint hinter den Stammes-Shaikhs, verbunden in einem arabisch-sunnitischen Nationalismus und in der nostalgischen Sehnsucht nach dem alten Irak. Der Islamische Staat ist für sie nur Mittel zum Zweck, und seine Anhänger lediglich die Hilfstruppen, um die verlorene Macht und Ehre wiederherzustellen. Nur wenn die Stämme eine Kehrtwende vollziehen und sich hinter die Zentralregierung in Bagdad stellen, wird dies den IS mittelfristig schwächen. Dafür muss es allerdings erst zu einer nationalen Versöhnung oder zumindest zu einer politischen Lösung kommen.

Militärische Erfolge

Der überwältigende Erfolg von ISIS im Irak war in erster Linie ein militärischer, erst später kam die politische Ebene hinzu. Bis zum Winter 2014 bestand die Vorgehensweise von Da'ish im Wesentlichen aus einer Kombination von Überfällen, Entführungen und Anschlägen in Ostsyrien und im Irak. Für einen groß angelegten Feldzug mit Bodengefechten zwischen Armeen reichten die Kapazitäten noch nicht aus, obwohl die Bewegung ab 2008 einen Strategiewechsel vollzog mit dem Ziel, sich dauerhaft auf einem klar umrissenen Territorium einzurichten, was damals ebenso ehrgeizig wie utopisch zu sein schien. Dieses neue Ziel stand in Widerspruch zur dschihadistischen Politik von al-Qaida, die auf Destabilisierung und nicht auf die Bildung eines Staates aus war. Zu diesem Zeitpunkt war ISIS außerstande, dieses Ziel umzusetzen, da die Bewegung von den Stämmen aus der sunnitischen Provinz Anbar verjagt worden war.[45]

Das Erstarken von ISIS im Jahr 2012/2013

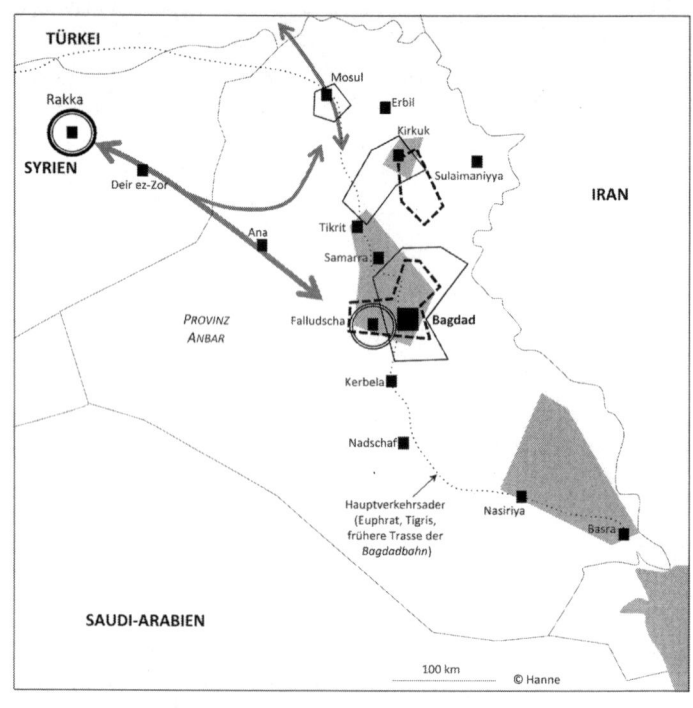

Operation *Grenzvernichtung*, betroffene Gebiete:

☐ Anschläge vom 23. Juli 2012

┆┄┆ Anschläge vom 16. August 2012

▨ Anschläge vom 9. September 2012

⇐ Transportwege für Waffen und Dschihad-Kämpfer

◉ März 2013: Einnahme von Rakka

◯ Dezember 2013: Einnahme von Falludscha

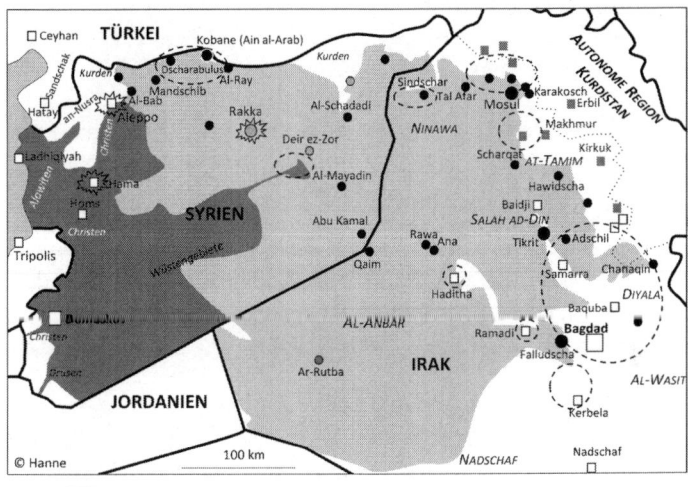

Das Gebiet des Islamischen Staates Ende 2014

-     Territorium des Islamischen Staates Anfang 2015
- ● Unter Kontrolle des IS
- ◎ Unter Kontrolle des IS und anderer Dschihadisten-Gruppen
- ■ Unter Kontrolle der kurdischen Peschmerga
- □ Unter Kontrolle der irakischen Streitkräfte
- (˙) IS-Kampf- bzw. Einsatzgebiete
- ⚡ Gefechte zwischen Dschihadisten-Gruppen
- ▮ Von Präs. Assad kontrolliertes Gebiet

Die Entstehung des Islamischen Staates

Im Juli 2012, als Da'ish die Terrorkampagne „Grenzvernichtung" startete, wendete sich die Lage.[46] Al-Baghdadi legte drei Ziele fest: die Befreiung der Gefangenen, die Eroberung der Landstriche entlang der Hauptverkehrsader im Zentrum des Landes und (in Anspielung auf die persische Dynastie, die von 1501 bis 1736 im Iran herrschte und das Schiitentum zur Staatsreligion erhob) die „Zerschlagung der Safawiden", womit er die Regierung von Nuri al-Maliki meinte. Am 23. Juli 2012 erschütterte eine Welle blutiger Autobomben-Anschläge zwei Dutzend Ortschaften, bei denen 115 Menschen starben. Am 16. August und am 9. September verloren wieder mehr als hundert Menschen ihr Leben. In allen Fällen waren das Gebiet nördlich von Bagdad und die Grenzregion zu Kurdistan entlang der ethnischen Bruchlinie betroffen. Das Ziel war, die Randzonen des sunnitischen Gebiets zu erobern. Die Provinzen Anbar und Ninive blieben verschont, wohl weil Da'ish hier bereits Fuß gefasst hatte. Über die beiden an Syrien grenzenden Provinzen sicherte die ISIS-Miliz den Nachschub an Waffen aus Syrien und der Stadt Rakka, die unter ihrer Kontrolle stand. Im September gelang es ihr sogar, sunnitisches Gebiet zu verlassen und mitten im schiitischen Gebiet (im südlichen Teil) drei Anschläge zu verüben. In kürzester Zeit hatten sich die Kapazitäten der Gruppe vervielfacht.

Am 19. März 2013 bekannte sich ISIS zu einem Anschlag in Bagdad, der hundert Menschenleben unter der schiitischen Bevölkerung forderte. Im Mai leitete die irakische Armee eine großangelegte Operation zur Sicherung der syrisch-jordanischen Grenze ein, deren offenkundiges Ziel es war, die Kontakte zwischen den verschiedenen zu Da'ish gehörenden Gruppen zu unterbinden. Im Dezember wurde die Provinz Anbar ihrerseits durch eine Reihe von Anschlägen und Geiselnahmen erschüttert, die insbesondere den loyalen Streitkräften galten, die durch Terror zermürbt werden sollten. Von da an richteten sich die ISIS-Aktionen hauptsächlich gegen schiitische Zivilisten im Süden und in Bagdad sowie gegen die Regierungstruppen auf sunnitischem Gebiet im Zentrum des Landes, um diese Region zu destabilisieren und die Invasion vorzubereiten. Am 30. Dezember 2013 fiel Falludscha in die Hände der ISIS-Miliz, die sich mit den revolutionären Islamisten der Anbar-Provinz verbündet und das Einverständnis der Stämme gesichert hatte. Das war die Einnahme der ersten wirklich großen Stadt – Falludscha zählt mehr als 300.000 Einwohner.

Obwohl die irakische Armee mit Material aus den USA unterstützt wurde (Drohnen, Aufklärungsgerät, Helikopter), waren ihre Soldaten längst nicht so motiviert und kampferprobt wie die zum Äußersten entschlossenen ISIS-Kämpfer.[47] Zwar misslang der Vorstoß der Dschihadisten auf Ramadi im Januar 2014, Falludscha aber blieb in ihren Händen. Innerhalb weniger Wochen schlossen sich aufgrund der Erfolge immer mehr Dschihadisten der Gruppierung an, die inzwischen zu regelrechten Militäroffensiven mit schweren Waffen, Pick-ups und sogar Panzern, die sie in Syrien und an irakischen Armeestandorten erbeutet hatte, in der Lage war. Nur über Fluggerät verfügten sie noch nicht. Da'ish hatte ihre Kapazitäten vervielfacht, ihre Kämpfer konnten nun an mehreren Fronten gleichzeitig angreifen.

Im Juni 2014 waren Ramadi und Samarra für einige Tage fest in ISIS-Hand und Mosul war unmittelbar bedroht. Vom 6. bis 10. Juni wurde die Großstadt mit 1,5 Millionen Einwohnern sukzessive erobert und mit ihr auch die ganze Provinz Ninive. Die Regierungstruppen räumten offenbar kampflos das Feld, vermutlich auch deswegen, weil die meisten Soldaten Schiiten waren. Die sunnitischen Offiziere hingegen überließen ISIS schlicht die taktische Initiative. Ein schwerer Anschlag mit einem Tanklastwagen gegen das Hauptquartier in Mosul lähmte die Streitkräfte und vereitelte ihre Pläne für einen Gegenangriff. Von Panik ergriffen floh eine halbe Million Zivilisten Richtung Norden in der Hoffnung, in Kurdistan Unterschlupf zu finden.[48]

Der Vorstoß der Dschihadisten im sunnitischen Landesteil verlief völlig problemlos, da die Stämme sich ihnen massiv – teils offen, teils stillschweigend – anschlossen.[49] Ab Juni fiel eine Stadt nach der anderen in die Hände der ISIS-Kämpfer: die Raffineriestadt Baidschi, Tal Afar, Al-Awja und Tikrit, wo offenbar 1.700 Schiiten hingerichtet wurden. Allerdings leistete Samarra noch Widerstand, außerdem mussten Muatassam und Ischaqi wieder aufgeben werden. Am 13. Juni machten sich die Peschmerga – die Soldaten Kurdistans – die Auflösung der Regierungstruppen zunutze und übernahmen die Kontrolle über Kirkuk. Die Zentralregierung in Bagdad musste Russland und die USA um Hilfe bitten. Letztere ließen es bei Luftschlägen bewenden und schickten Spezialeinheiten zum Schutz der bedrohten amerikanischen Interessen. Freilich setzten die Übergriffe der irakischen Armee der Einheit des Landes mehr zu als die militärischen Niederlagen: Offenbar wurden im Juni 2014 in Hilla (Provinz Babil) hunderte Gefangene getötet. Unterdessen setzte sich der Vormarsch der Dschihadisten weiter fort: Rawa und Rutba fielen, dann Qaim und Rabia, zwei strategisch wichtige Grenzstädte zu Syrien. Damit konnte Da'ish sich zwischen beiden Ländern frei bewegen. Am 29. Juni 2014 vollzog die ISIS-Bewegung dann ihre symbolische Verwandlung: Das Kalifat wurde ausgerufen, die Organisation und ihr Territorium erhielten den Namen *Islamischer Staat*. Al-Baghdadi forderte daraufhin seine Gefolgsleute auf, „bis nach Bagdad zu robben", sich also bis nach Bagdad vorzukämpfen und die Hauptstadt einzunehmen.

Obwohl der Vormarsch ins Stocken geriet, blieb Da'ish noch den ganzen Juli über Herr der Lage. Am 8. Juli fiel ein

Chemiewaffenlager in die Hände der IS-Miliz. Bagdad war jetzt nur noch 50 Kilometer entfernt. Eine neue Welle von anti-schiitischen Anschlägen erschütterte die Hauptstadt und ihre Vororte. Im Zuge ihres Angriffs auf Jurf al-Sakhr Ende Juli versuchten die Islamisten die Hauptstadt einzukreisen, um sie vom schiitischen Süden und damit von den Nachschubbasen in Kerbela und Basra abzuschneiden. Im August endete der erfolgreiche Vormarsch des IS in Richtung Südirak.

Am 17. Juni 2014 hatte Ajatollah Ali al-Sistani, der höchste Würdenträger der Schiiten im Irak, dazu aufgerufen, sich den Dschihadisten in den Weg zu stellen, woraufhin sich (laut AFP und IRIB) zahlreiche Freiwillige begeistert den konfessionellen Milizen anschlossen. Teile von Tikrit wurden befreit. An den Außenrändern der sunnitischen Gebiete konnte der IS nicht mehr mit der Unterstützung der Stämme rechnen, im Gegenteil, bei jedem Schritt trafen die Kämpfer auf den Widerstand der Milizen und der irakischen Armee. Die Hauptstadt Bagdad mit ihrer mehrheitlich schiitischen Bevölkerung war nicht zu Fall zu bringen. Der IS musste die Hoffnung auf die weitläufigen Erdölfelder der Hauptstadt, die er so dringend brauchte, um seine Finanzierung langfristig zu sichern, aufgeben.[50]

Da es kein Weiterkommen im Süden gab, und das offenbar endgültig, änderte Da'ish Anfang August die Taktik und ging an der Nordgrenze wieder in die Offensive. Der Kampf richtete sich gegen die kurdischen Peschmerga-Kämpfer, die zunächst in Zumar und Sindjar geschlagen wurden.[51] Dann fielen die Städte Karamlesch und Karakosch mit mehrheitlich christlicher Bevölkerung. In diesen Landstrichen, die jetzt wie in einem Schraubstock zwischen den sunnitischen Gebieten, die unter der Kontrolle des IS standen, und der Autonomen Region Kurdistan eingeklemmt waren, lebten Teile der christlichen und jesidischen Minderheiten des Landes. Mehr als

30.000 Menschen, hauptsächlich Jesiden, flüchteten aus Kocho und Sindjar in die umliegenden Berge und saßen plötzlich in der Falle, ohne jede Hilfe, ohne Wasser, von Tod und – besonders für die Frauen – Verschleppung bedroht.[52] Tausende Familien schleppten sich unter der sengenden Sonne in die von den Peschmerga kontrollierten Gebiete – der glühende Hass auf die „Teufelsanbeter" drohte in einem Massaker enden. Am 6. August flüchteten mehr als 100.000 Zivilisten, hauptsächlich Christen, aus Karakosch und Umgebung; nur die Alten, die nicht mehr laufen konnten, blieben zurück. Am selben Tag wurde durch eine kurdische Gegenoffensive, die von kurdischen Kämpfern aus der Türkei und Syrien unterstützt wurde, zwar eine Bresche geschlagen, doch der Flüchtlingsstrom nach Kurdistan ebbte nicht ab. Viele waren gezwungen, ihre Autos stehenzulassen und zu Fuß weiterzugehen. Die Regierung in Bagdad bat um Hilfe, woraufhin die USA beschlossen, mit Luftschlägen gegen die Dschihadisten vorzugehen. Schon bald konnten die Kurden, nach etwa 180 US-Luftangriffen, den Mosul-Staudamm sowie einige kleinere Ortschaften südlich von Erbil zurückerobern. Ende August war ein Zurückweichen der Dschihadisten im Norden zu verzeichnen. In Zentralirak wurde die über mehrere Wochen belagerte Kleinstadt Amerli befreit.

Ab September verloren die Militäroperationen am Boden an Intensität und alle Parteien verharrten in ihren Stellungen. Die Luftschläge der USA (und bald auch der französischen Luftwaffe) zielten diesseits und jenseits der syrisch-irakischen Grenze auf die georteten Kommandozentralen, Verkehrswege, Erdöl-Förderanlagen und Anführer des IS. Über etwaige „Kollateralschäden", die womöglich schlechte Presse nach sich gezogen hätten, drang nichts an die Öffentlichkeit.[53] Am 11. September kündigte der US-Außenminister in der saudischen Hafenstadt Dschidda die Bildung einer Koalition aus

25 Ländern zur Bekämpfung des IS an. Die US-Luftschläge gingen unterdessen weiter, obwohl klar war, dass sie wenig Wirkung zeigten, solange die Dschihadisten sich jederzeit unter die Stadtbevölkerung mischen konnten. Aber nicht nur das, am 19. September beispielsweise brachten die Dschihadisten, nachdem zwei französische Kampfflugzeuge vom Typ Rafale einen IS-Logistikstandort im Umland von Mosul zerstört hatten, 60 kurdische Dörfer in Nordost-Syrien in der Nähe der Stadt Ain al-Arab (Kobane) unter ihre Kontrolle, was tausende Kurden zur Flucht in die Türkei trieb.[54] Schon jetzt war der Erfolg der Luftschläge zweifelhaft.[55] Zwischen Oktober und November wurde die Stadt Kobane, aus der die meisten Bewohner geflohen waren, regelrecht belagert. Obwohl die Amerikaner Druck machten, lehnte die Türkei eine Beteiligung am Kampf um die Befreiung der syrischen Stadt ab, und der IS setzte, ungeachtet der kurdischen Verstärkung, die Kämpfe vor Ort fort. Mehr noch, als die USA ab 23. September auch die IS-kontrollierten Gebiete in Syrien angriffen, insbesondere Rakka, löste diese Ausweitung der Luftschläge über Irak hinaus heftige Reaktionen seitens China, Iran und Russland aus, für die eine Einmischung in Syrien und eine Bedrohung des Assad-Regimes indiskutabel sind.[56]

Vom 8. August bis 6. Oktober wurden mindestens 250 Luftangriffe im Irak und 90 in Syrien geflogen. Allein ein Drittel dieser Operationen trafen Stadtviertel in Erbil, Amerli und Bagdad, also Städte, von denen man behauptete, dass sie von Da'ish verschont geblieben waren. Am 2. und 3. Oktober kam es südlich von Kirkuk zu heftigen Gefechten zwischen IS-Kämpfern und der kurdischen Peschmerga. Die Stadt Hit südlich von Haditha geriet am 5. Oktober – von den Medien völlig unbeachtet – unter die Kontrolle des IS. Seit Mitte Oktober hält der Angriff des IS auf das Sindjar-Gebirge, der Heimat der Jesiden, an; außerdem konnte er seine Stellungen 40 Kilometer westlich von Bagdad festigen. Ramadi, die letzte regierungstreue Stadt der Provinz Anbar, und die Al-Asad-Luftwaffenbasis nahe Hit drohen ebenfalls unter die Kontrolle des IS zu geraten.

Der Islamische Staat wird nicht so schnell verschwinden.[57] Die meisten sunnitischen Stämme unterstützen ihn. Er wird als Widerstandsbewegung wahrgenommen, als Opfer eines breit angelegten Vernichtungsplans, hinter dem die USA stecken. Bis heute hat sich trotz der brüchigen Gemeinsamkeiten kein Verbündeter vom IS abgewandt. Der dschihadistische Staat, von den einen aus religiösen, von den anderen aus nationalen Vergeltungsmotiven instrumentalisiert, ist eine unumgängliche Tatsache geworden, mit starker Anziehung auch auf die in Europa und anderen westlichen Ländern lebenden islamischen Fundamentalisten. Allein in Deutschland geht der Verfassungsschutz von über 7.000 radikal-islamischen Personen aus. Mehr als 450 sollen sich bereits dem IS angeschlossen haben. Europaweit potenziert sich die Anzahl der IS-Anhänger, die ihre Kampfzone auf die westliche Welt ausweiten und damit den IS zum globalen Problem machen.

Das Islamische Kalifat: Dynamik eines Protostaates

Bereits von seinen Stellungen in Syrien aus, aber erst recht mit der blitzartigen Ausbreitung im Nordirak im Sommer 2014 hat Da'ish die Grundlagen eines Protostaates mit eigener Verwaltung, eigener Bevölkerung, eigenem Territorium, eigener Ideologie und eigenen repressiven Methoden gelegt. Sollte es Da'ish gelingen, sich trotz seiner mächtigen Gegner und des unsicheren Rückhalts der sunnitischen Stämme dort dauerhaft festzusetzen, dann wird die Organisation das Stadium eines Protostaates hinter sich lassen. Eins ist klar: Hinter seiner rigorosen, gnadenlosen Theorie geht die derzeitige Dynamik des IS weit über den rein religiösen Rahmen hinaus und strebt handfeste wirtschaftliche und politische Ziele an.

Die Wiedererrichtung des Kalifats: Geschichte wird lebendig

„Während einer Versammlung hat der Rat des Islamischen Staates beschlossen, das islamische Kalifat auszurufen und den dschihadistischen Shaikh al-Baghdadi zum Kalifen der Muslime zu ernennen […] Gläubige, gehorcht eurem Kalifen und unterstützt euren Staat, der mit Gottes Hilfe von Tag zu Tag stärker wird […] Es gibt keine Ausrede dafür, diesem Kalifen Unterstützung und Gefolgschaft zu verweigern, denn der Kalif Ibrahim – Gott möge ihn beschützen – erfüllt in perfekter Weise sämtliche Bedingungen, die von den Gelehrten für das Kalifat gefordert werden […] Lehnt die Demokratie, die Laizität, den Nationalismus und all den sonstigen Unflat des Abendlands ab. Das Abendland und das Morgenland werden sich euch unterwerfen."

Abu Mohammed al-Adnani (Sprecher von Da'ish)[58]

Mit der Ausrufung des Kalifats und dem fulminanten Erfolgen der IS-Kämpfer scheint es, als hätten die sunnitisch-arabischen Völker, die sich seit fünf Jahrhunderten unterdrückt fühlen, nun doch den Sieg davongetragen. Diese Amtseinsetzung des Kalifen hat für die Getreuen des Da'ish enorme Bedeutung, sie hebt ihre Moral, gibt ihnen Inspiration und verknüpft sie mit ihrer Geschichte.

Als Mohammed im Jahr 632 starb, stand man vor der schwierigen Aufgabe, einen Nachfolger zu bestimmen, auch wenn klar war, dass niemand den Propheten ersetzen konnte. Die muslimische Führungsschicht einigte sich schnell auf seinen engsten Vertrauten und Verwandten, Abu Bakr, der den Titel des *khalifa* annahm, was „Nachfolger" bedeutet. Der neue Lenker des Islam erklärte: „O ihr Menschen! Ich bin zu eurem Führer gewählt worden, obgleich ich nicht besser bin als irgendeiner von euch. Wenn ich etwas Gutes tue, gebt mir eure

Gebiete, über die der Islamische Staat die Herrschaft anstrebt

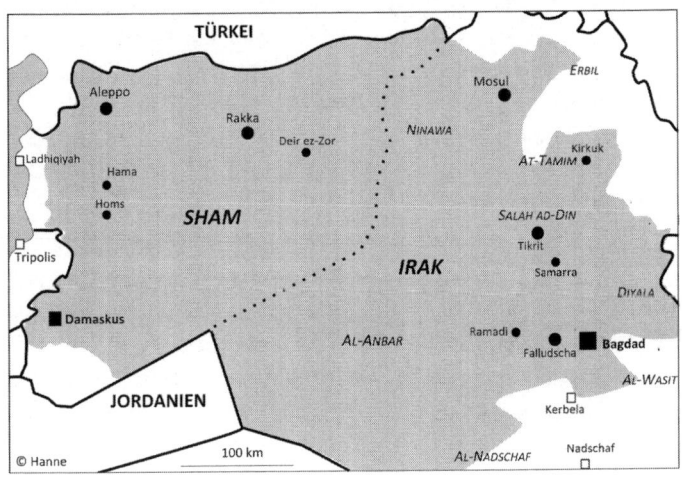

Mittelfristige territoriale Ziele von Da'ish und Aufhebung der syrisch-irakischen Grenze

Unterstützung! Tue ich etwas Falsches, so macht mich darauf aufmerksam! [...] Erhebt euch und betet. Gott schenke euch sein Erbarmen." Genau dasselbe äußerte al-Baghdadi am 4. Juli 2014 in der Moschee von Mosul, ein Zeichen dafür, wie stark IS-Anhänger muslimische Geschichte instrumentalisieren:

„Allah hat [eure Brüder] unterstützt und hat ihnen das Kalifat gegeben, damit sie ihr Ziel erreichen, also haben sie sich beeilt, das Kalifat auszurufen und einen Imam zu ernennen. Und dies ist eine Pflicht für alle Muslime, eine Pflicht, die schon sehr lange vernachlässigt wird [...] Ich bin bestimmt worden, um euch zu führen, auch wenn ich nicht besser bin als ihr. Wenn ihr seht, dass ich Recht habe, dann unterstützt mich, und wenn ihr seht, dass ich

im Unrecht bin, dann helft mir mit eurem Rat und führt mich auf den rechten Weg zurück.[59]

Bis zu seinem Tod im Jahr 634 musste Abu Bakr mehr als eine Revolte niederschlagen. Und schon bald danach zerfielen die Muslime in Sunniten und Schiiten; das war die *fitna*, die inakzeptable Spaltung der Glaubensgemeinschaft. Obwohl auch die nachfolgenden Kalifen den Klans von Mekka entstammten, scheiterten sie an der Aufgabe, die Einheit des Islam wiederherzustellen; sie war endgültig zerbrochen.[60]

Von 661 bis 749 stellte die Dynastie der Umayyaden den Kalifen in Damaskus. Das ist die erste *daula*, ein Begriff, der den Staat und die Dynastie zugleich umfasst. Die Bezeichnung „Islamischer Staat" ist die Übersetzung von *daula al-islamiyya*. Der Anspruch ist also, eine Dynastie zu etablieren oder zumindest für eine stabile Folge von Kalifen zu sorgen. Aber die Umayyaden-Prinzen standen im Ruf, es weniger mit der Frömmigkeit als mit Eroberungen und Luxus zu halten. Unter ihren Händen war das Kalifat mächtig, aber weltlich ausgerichtet. Eine Palastrevolte im Jahr 750 brachte eine neue Dynastie ans Ruder: die Abbasiden, deren Herrschaft bis ins 13. Jahrhundert dauern sollte. Die Dynastie ist fromm, ihre Herrscher schmückten sich mit ruhmvollen und religiös inspirierten Titeln: al-Mansur („der Siegreiche"), al-Mahdi („der Rechtgeleitete"), vor allem aber auch mit dem Titel des Imam, des geistlichen Führers, der das Freitagsgebet leitet. Die Kalifen vertraten fortan einen orthodoxen Sunnismus und führten die Scharia, das islamische Recht, ein. Das war der Höhepunkt des Islam als Reich und Religion in Reinform. Für die Soldaten des IS ist diese mittelalterliche Herrschaftsform das Vorbild. Doch im Jahr 1258 eroberten die Mongolen Bagdad und stürzten das Abbasidenreich, womit auch der Titel „Kalif" unterging. Im 16. Jahrhundert versuchten die Osmanen sich erneut mit diesem Titel zu schmücken,

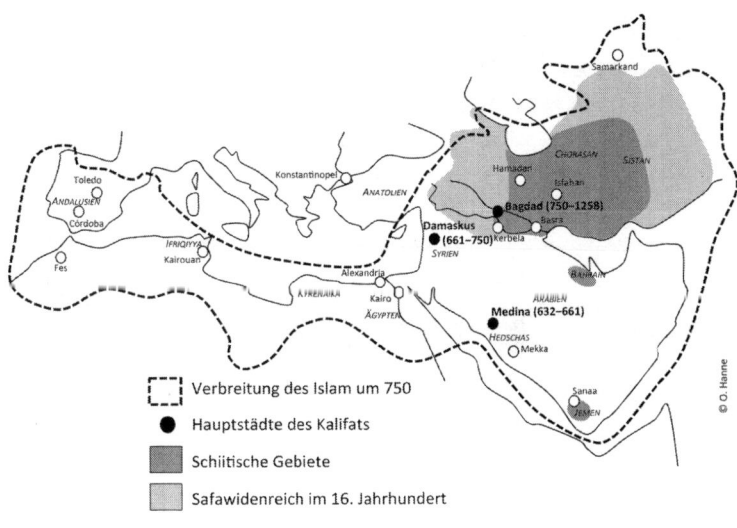

Verbreitung des Islam um 750

● Hauptstädte des Kalifats

Schiitische Gebiete

Safawidenreich im 16. Jahrhundert

© O. Hanne

aber sie waren in religiösen Dingen zu nachsichtig, um ihm seinen alten Glanz und sein Prestige wiederzugeben. Offiziell wurde das Kalifat am 3. März 1924 abgeschafft, aber faktisch hatte es seine Bedeutung bereits im Mittelalter verloren.[61]

Die Wiederbelebung des Kalifentitels durch den Islamischen Staat ist nicht bloß eine historische Reminiszenz, es ist ein ganzes politisches Aktionsprogramm samt religiöser Legitimation. Denn in der Tradition des 9. bis 12. Jahrhunderts definierte sich das Kalifat durch den Gegensatz zur *jahiliyya*, der vorislamischen Barbarei, die bei den nichtmuslimischen Völkern bis heute andauert und nach Ansicht vieler Sunniten sogar mitten im Islam zu finden ist, insbesondere bei den *zindik*, den schiitischen „Ketzern". Als Stellvertreter des

Das Islamische Kalifat: Dynamik eines Protostaates

Propheten besitzt der Kalif sowohl politische wie religiöse Autorität. Die Formel dazu lautet: „Die Macht (*sultan*) und die Religion (*din*) sind wie zwei Brüder, die ohne einander nicht auskommen können." Dem Koran gehorchend, soll der Kalif „das Gute fordern und das Böse verbieten". Er kämpft gegen die *fitna*, auf unsere Zeit übertragen gegen die von den USA, den Schiiten und den Juden bewirkte Spaltung der Muslime. Seine vorrangige Aufgabe besteht darin, „die Rechte Gottes und die Rechte der Menschen" zu verteidigen. Der Kalif darf sich also nicht als Despot aufführen, sondern er muss Mohammed nacheifern, der sich vor allem als *hakam* (Schiedsrichter) betätigte.[62]

Der rechtgeleitete Kalif, „Schatten Gottes auf Erden", wie ihn die Tradition auch nennt, verlangt unbedingte Gefolgschaft, die er sich durch einen kollektiven Treueschwur, die *bai'a*, versichern lässt. Entsprechend wird sie auch von den Männern des IS in den von ihnen kontrollierten Städten eingefordert. So wandte sich in der Moschee al-Furdus in Rakka einer ihrer Propagandisten an die zum Freitagsgebet versammelte Menge:

„Euer Kalif ist ein Nachfahre des Propheten, und wir müssen die Familie des Propheten lieben, wir müssen sie mit unserem Geld unterstützen, durch das Opfer unseres Lebens und alles, was wir nur tun können. Im Namen Gottes des Barmherzigen schwören wir ihm unsere Gefolgschaft!"

Und die Gläubigen antworteten:

„Wir schwören es!"

„Dem Befehlshaber der Gläubigen!", fuhr der Mann fort.

„Dem Befehlshaber der Gläubigen!"

„Und dem Kalifen der Muslime!"

„Und dem Kalifen der Muslime!"

„Abu Bakr al-Quraishi!" [Abu Bakr al-Baghdadi]

„Abu Bakr al-Quraishi!" [Abu Bakr al-Baghdadi]
„Takbir!", rief der Kämpfer drei Mal, eine Aufforderung,
die Größe Allahs zu preisen.
„Allahu Akbar", schallte es drei Mal aus der Menge zurück.[63]

Gehorsam ist eine der Forderungen des Korans,[64] und jeder Muslim ist verpflichtet, sich der Schutzherrschaft eines Souveräns unterzuordnen. Ohne Gehorsam gleitet die Gemeinschaft in die Anarchie ab, die der Schrecken aller islamistischen Regime ist, obwohl sie selbst genug Schrecken hervorbringen: „Hundert Jahre Tyrannei eines Sultans richten weniger Schaden an als ein Jahr Tyrannei der Untertanen gegeneinander", schrieb der im Jahr 1111 gestorbene Gelehrte al-Ghasali.

Abu al-Hasan al-Mawardi (gest. 1058) entwickelte in seiner Abhandlung *Die Regeln der Herrschaft* eine Theorie des Kalifats, die von islamistischen Gruppen einhellig übernommen wird, auch im Irak. Diese Schrift stellt sozusagen die Regierungs-Charta des Islamischen Staats dar:

„Sinn und Zweck der Institution des Imam ist die Verbreitung der Botschaft des Propheten zum Schutz der Religion und die Verwaltung der irdischen Interessen. […] Seine Bezeichnung als Kalif rührt daher, dass er als Nachfolger des Propheten Mohammed an der Spitze seines Volkes steht, weshalb man ihn mit ‚o Kalif des Propheten Allah' oder einfach mit ‚Kalif' ansprechen kann. […] [Zu seinen Pflichten gehören insbesondere:] Erhalt der Religion nach ihren festgesetzten Prinzipien und dem, was die Muslime der Frühzeit übereinstimmend für richtig befunden haben. […] Schutz der Länder des Islam und Sorge für die Beachtung ihrer Grenzen. […] Kampf gegen jene, die sich trotz Aufforderung weigern, den Islam anzunehmen, bis sie konvertieren oder Tribut zahlen, zu diesem Zweck die Rechte Allahs durchsetzen und sie über jede andere Religion stellen. "

Die Kriegsziele von Da'ish decken sich mit jenen, die seit alters her aus der Geschichte muslimischer Expansion bekannt sind. Die dschihadistische Zeitschrift *Dabiq* zitiert sie aus einem Hadith: „Ihr werdet die Arabische Halbinsel angreifen und sie mit Gottes Willen erobern. Ihr werdet dann Persien angreifen es und mit Gottes Willen erobern. Ihr werdet schließlich Rom angreifen und es mit Gottes Willen erobern."

Abu Bakr al-Baghdadi an der Spitze der Bewegung

Am Freitag, dem 4. Juli 2014, dem Tag des großen Gebets, erklomm Abu Bakr al-Baghdadi, Kalif des Islamischen Staats, die Stufen der *minbar* – der Predigerkanzel – der großen Moschee von Mosul und forderte die Muslime auf, ihm Gefolgschaft zu leisten. In der Tradition des Propheten und der Abbasiden sah man ihn zunächst das Gebet leiten und alle zur Frömmigkeit im Monat Ramadan ermahnen, bevor er zur *bai'a* kam.

Al-Baghdadi, der den Beinamen „das Phantom" (*al-shabah*) trägt, zeigt sich nur selten in der Öffentlichkeit. Er ist die Nummer drei auf der US-Liste der meistgesuchten Terroristen, auf seinen Kopf ist eine Belohnung von 10 Millionen Dollar ausgesetzt. Sein Lebenslauf liegt weitgehend im Dunkeln, da er ihn vollkommen umgeschrieben hat, um sich mit einer noblen und frommen Herkunft zu schmücken. So sollen seine Vorfahren den Stämmen von Mekka angehört haben, darunter den Quraisch, von denen auch der Prophet Mohammed abstammt. Er kam 1971 in Samarra im Irak als Ibrahim Awwad Ibrahim Ali al-Badri zur Welt. Nachdem er angeblich islamische Theologie an der Universität in Adhamiyah, einem Vorort von Bagdad, studiert hatte, wurde er

Mufti in Falludscha. Sein Werdegang war zunächst der eines jungen Religionsgelehrten, doch nach der amerikanischen Invasion des Jahres 2003 schloss er sich dem bewaffneten Widerstand an.[65] Dort übernahm er verschiedene verantwortliche Positionen, insbesondere war er für Rekrutierungsaktionen zuständig. Er geriet ins Visier der US-Armee, die ihn im Oktober 2005 in einem Luftangriff zu töten versuchte. Noch im selben Jahr wurde er verhaftet und kam ins Gefängnis; dort radikalisierte er sich und knüpfte Kontakte zur Gruppierung um Abu Umar (auch unter dem Namen Abu Abdullah ar-Raschid al-Baghdadi bekannt). Seine Freilassung im Jahr 2009 warf viele Fragen auf: Warum ließ man jemanden ziehen, den man bereits als gefährlich eingestuft hatte? Handelte es sich um eine Geste des guten Willens von Seiten der Regierung? Wollten die Vereinigten Staaten sich seiner in Syrien gegen Assad bedienen? Al-Baghdadi trat alsbald in den Dienst der Organisation *Islamischer Staat im Irak*, deren Emir er nach dem Tod Abu Umars im Jahr 2010 wurde. Seine ersten größeren Operationen leitete er in Syrien: in Rakka im April 2013, in Aleppo im Juni, in Salquin und Dscharabulus im August, wo er gegen die Kurden und das syrische Regime kämpfte. Wo immer er auftauchte, rekrutierte er neue Dschihadisten und knüpfte Kontakte zu unabhängigen Gruppen, darunter vor allem *Jaish al-Muhajireen wal-Ansar*. Aber sein Ziel war die Rückkehr in den Irak.

Seine religiöse Gelehrsamkeit, seine Frömmigkeit und vor allem seine Härte machen ihn zu einem gefürchteten Anführer. Er gilt als kompromisslos und holt sich aus den mittelalterlichen Chroniken die Vorbilder für die grausigen Taten, die man bald mit seinem Namen verknüpft und die das Markenzeichen der alten Kalifen waren: Kreuzigung von Gegnern, Steinigung einer Frau für die Einrichtung eines Facebook-Accounts, Hinrichtung eines Jugendlichen vor den

Augen seiner Eltern wegen angeblicher Verspottung des Propheten. Er gibt nur wenig von sich preis, was ihn einerseits vor Luftangriffen schützt, womit er aber auch dem Vorbild des Abbasiden-Kalifen folgt, der sich vor den Augen der Welt verbarg und sich bei öffentlichen Zeremonien nur hinter einem Schleier zeigte. Auch al-Baghdadi lebt in seiner Residenz, regiert sozusagen vom Palast aus (der in seinem Fall eher ein Bunker sein dürfte), ohne direkten Kontakt zu seinen Soldaten und Emiren, denen er weitreichende Handlungsvollmachten einräumt. Der Nachfolger des Propheten hüllt sich damit in ein Geheimnis, das am Mysterium der Allmacht Gottes teilhat. Ganz wie ein Abbasiden-Kalif zeigt sich al-Baghdadi nur bei den wichtigen religiösen Festen und während des Freitagsgebets.

Seit dem 29. Juni 2014 lässt sich al-Baghdadi „Kalif Ibrahim" nennen, was sein wahrer Vorname ist und zugleich eine prestigeträchtige Anspielung auf Abraham, den vom Koran verehrten Vater aller Gläubigen. Seine sämtlichen Titel beschwören die Geschichte des Islam, unter anderem ist er auch *Amir al-Muminin*, „Befehlshaber der Gläubigen", was ein abbasidischer *laqab*, ein Ehrentitel, ist. Wie alle Dschihadisten änderte er seinen Vornamen in einen Kriegs-*laqab* und nahm den Namen des ersten Kalifen nach dem Tod des Propheten an: *Abu Bakr*. Daran knüpfte er seine geographische Herkunft: *al-Baghdadi*, „der Bagdader", als Ausdruck seiner Verbundenheit mit dem Irak und weil viele seiner Offiziere Syrer oder Ausländer sind. Zuletzt fügte er noch seine dynastische Zugehörigkeit hinzu: *al-Quraishi*, der Name des Stammes, der zur Zeit Mohammeds in Mekka herrschte. In der islamischen Tradition galten die Quraisch seit jeher als die einzige ethnisch-familiäre Gruppierung, die das Amt des Kalifen beanspruchen konnte. Durch die Berufung auf die Herkunft vom Stamm des Propheten – eine Behauptung, die unmöglich zu überprüfen ist –, legitimiert al-Baghdadi seinen Machtanspruch. Sein gesamter *laqab* ist bereits eine kühne Botschaft.

In seinen *Die Herrschaft betreffenden Regeln* präzisierte al-Mawardi:

„Wer das Amt des Imam [Synonym für Kalif] bekleiden will, muss sieben Bedingungen erfüllen: Ehrbarkeit samt all ihren Anforderungen; Weisheit, [...] körperliche Unversehrtheit; gesunde Gliedmaßen, die ihm die volle Bewegungsfreiheit erlauben; das Urteilsvermögen, sein Volk zu leiten und die Geschäfte zu führen; den Mut und die nötige Energie, das islamische Territorium zu verteidigen und den Feind zu bekämpfen; die Herkunft, das heißt, er muss von den Quraisch abstammen.“

Die Erklärung, am 29. Juni 2014 vom Da'ish-Sprecher verlesen, zählt all diese Bedingungen auf und stellt zugleich fest, dass der Kalif sie alle erfüllt. Das Kalifat ist kein bloßes Symbol, es verkörpert die Wiedergeburt des Islam. Das zeigt sich auch in der Verwendung bestimmter Merkmale, die die Idee der Nachfolge zum Ausdruck bringen: der schwarze Turban (*musafiyya*) und der schwarze Mantel (*buda*), mit denen al-Baghdadi in der Moschee von Mosul erschien, sind Attribute des Propheten; der zum Himmel erhobene Finger, den die IS-Anhänger oft zeigen, deutet auf die Macht Gottes und ist außerdem der erste arabische Buchstabe des Worts *Allah*.[66]

Dieser selbst im Vergleich zu Bin Laden bombastische Autoritätsanspruch hat al-Baghdadi so selbstsicher werden lassen, dass er sogar von az-Zawahiri, dem Chef von al-Qaida, den Gefolgschaftsschwur verlangt hat, was ihm der alte Mann jedoch verweigerte. Aus alten Konkurrenten sind diese beiden Führungsfiguren nun zu unversöhnlichen Feinden geworden. In seinem Bestreben, die Muslime zu vereinen, hat „Kalif Ibrahim" eine neue *fitna* unter den sunnitischen Islamisten in Gang gesetzt.

Die Rache der Sunniten an der Geschichte

Mehr noch als Rache an der Regierung al-Maliki ist der Islamische Staat ein Sieg über die Vergangenheit – und zwar einer von der Größe eines Gottesgeschenks. Mit dem Untergang des Kalifats von Bagdad im Jahr 1258 schien dem sunnitischen Teil der arabischen Welt die Herrschaft über sein Schicksal entglitten zu sein. Ab dem 13. Jahrhundert ging die politische Führung der islamischen Welt von den arabischen Stämmen und Völkern auf die türkischen Seldschuken, die mongolischen Ilchane, dann auf die Mamelucken und schließlich auf die Osmanen über, die vom 16. Jahrhundert an über die islamischen Gebiete herrschten. Nur im Maghreb verblieben kleine Emirate unter der Kontrolle arabischer Dynastien (Hafsiden in Tunesien, Meriniden in Marokko), die sich allerdings mit den Berbern arrangieren mussten. Aber auch diese islamischen Fürstentümer wurden 1517 von den Osmanen besetzt. Am Ende des Mittelalters verliert die sunnitische arabische Welt ihre Vormachtstellung in Handel und Schifffahrt im Mittelmeerraum an die europäischen Häfen. Den schiitischen Gebieten des Iran hingegen bleibt ihre Freiheit und Wirtschaftsmacht erhalten.

Die doppelte Demütigung durch das Abendland und die schiitische Welt hinterließ tiefe Spuren in der Mentalität der Menschen. Die Machtfülle des Türkenreichs, das seine arabischen Untertanen ebenfalls unterdrückte und in religiösen Belangen eher liberal war, bot da keinen Trost. Immerhin erhielten die Osmanen die Fiktion des Kalifats aufrecht. Die im Jahr 2014 zunehmenden Anschläge und Entführungen, mit denen sich in Bagdad schiitische Milizen und sunnitische Gruppen bekämpfen, erinnern an die zahllosen interkonfessionellen Konflikte des Mittelalters, die der Damaszener Historiker al-Dhahabi überliefert hat.[67]

Nach dem Ersten Weltkrieg wurde der Nahe Osten von einem Kolonialherrn an den nächsten weitergereicht. Auf die Hegemonie der Osmanen folgte die der Briten und Franzosen. Die beiden Großmächte setzten das während des Krieges geschlossene Sykes-Picot-Abkommen (vgl. Karte S. 33) um und teilten 1920 die Region im Vertrag von Sèvres in Einflusssphären auf. Das Osmanische Reich wurde zerschlagen. Die arabischen Halbinsel erhielt Eigenständigkeit unter der Führung von Hussein ibn Ali, dem Emir von Mekka, der den Briten gegen die türkische Armee beigestanden hatte. Mit Syrien und dem Libanon entstanden zwei künstliche Staatsgebilde, die unter französisches Protektorat gestellt wurden. Aber die syrischen Stämme, denen die Unabhängigkeit verwehrt blieb, waren unzufrieden. Frankreich sah sich mit einer starken Autonomiebewegung konfrontiert und machte sich zum Erhalt seiner Macht die Rivalitäten der Stämme zunutze.

Die politische Neuordnung mit ihren neuen Grenzverläufen störte die alten Netzwerke des wirtschaftlichen und sozialen Austauschs und unterbrach die jahrhundertealten Verbindungen zwischen den Städten der Levante. Die Grenze zum Irak wurde unter britischem Mandat mit dem Lineal gezogen und durchschnitt rücksichtslos die Stammesgebiete. Der Irak wurde wegen seiner strategischen Bedeutung für die britische Krone, wegen seiner Lage an den Handelsrouten nach Indien und wegen seiner Ölvorräte unter Schutzherrschaft gestellt. Faisal, der Sohn des Emirs Hussein ibn Ali, wurde als Monarch eingesetzt, aber es wurden ihm britische Verwaltungsbeamte zur Seite gestellt.[68] Immerhin erhielt das Land schon 1930 seine Unabhängigkeit, lange vor Syrien (1944). Dennoch blieb die Monarchie britischen Interessen unterworfen.[69] Im Jahr 1932 übernahm Abd al-Aziz ibn Saud als König die Führung des Einheitsstaats Saudi-Arabien. Trotz seiner streng religiösen Ausrichtung kam es nicht zum Bruch mit dem

Westen, weil der Monarch die Ausbeutung der Erdölvorkommen amerikanischen Unternehmen überließ. Alles in allem hatten die Sunniten das Gefühl, nur nominell Freiheit erlangt zu haben, wie seit alters her Opfer ausländischer Hegemonie zu sein und durch künstliche Grenzziehungen voneinander abgeschnitten zu werden. Selbst der saudische Islamismus machte sich in ihren Augen zum Handlanger dieser fortgesetzten Demütigung.

Die Grenzen von 1920 werden von Da'ish ebenso wenig anerkannt wie von den panarabischen Nationalisten und den Pansunniten, die sich in der Baath-Partei sammeln.[70] So eint die verschiedensten Bewegungen und Persönlichkeiten der Wille, die vom Westen zerstückelten Gebiete wiederzuvereinigen. Seit der arabischen Eroberung bis zu den Abbasiden und Osmanen bildeten Syrien und Irak ein einheitliches Territorium, das zwar regelmäßig von Unruhen erschüttert wurde, in dem regionale Partikularismen herrschten und in dem es immer wieder zu religiös motivierten Gewaltausbrüchen kam, das sich aber dennoch seine sprachliche, kulturelle und politische Einheit bewahrte. Händler, Ulemas, Pilger, gläubige Schiiten und Sunniten, fanatische Sektierer oder friedliche Nomaden, sie alle konnten sich im weiten Raum des Fruchtbaren Halbmonds nahezu uneingeschränkt bewegen. Der Islamische Staat leugnet nicht die Geschichte des Nahen Ostens, ganz im Gegenteil, er beruft sich auf sie und greift ständig darauf zurück. Er sinnt nach Rache für die Kränkungen des 20. Jahrhunderts und will den nach dem Ersten Weltkrieg geschaffenen Zentralstaat Irak zerschlagen. Am 29. Juni 2014 hisste eine kleine Gruppe die Flagge des Islamischen Staates an einem Grenzposten zwischen Syrien und Irak, der auf der Grenzlinie des Abkommens von 1916 liegt, und ließ ihn bald darauf in die Luft sprengen. „Dies ist nicht die erste Grenze, die wir schleifen, und es wird nicht die letzte sein, so Gott will", ruft einer der Männer.[71] Niemand darf die *umma*, die Gemeinschaft derer, die der *sunna* folgen, spalten.[72] Keine Grenze ist ewig, kein staatliches Gebilde siegt über Gott. Die ehemaligen Offiziere und Anhänger der Baath-Partei, die sich unter dem Banner des Islamischen Staats sammeln, sind sich zumindest in einem einig: Die postkoloniale Grenze muss verschwinden.[73]

Die Demütigung der Sunniten setzte sich in der zweiten Hälfte des 20. Jahrhunderts fort. In Syrien lag die politische Macht fest in den Händen der Minderheit der Alawiten. Die wirtschaftliche Übermacht des Westens war eine ständige Frustration, und die Ausbeutung der heimischen Erdölvorkommen führte zu keinerlei Verteilung der Reichtümer. Der Nahe Osten hinkte einer Moderne hinterher, die ihm von außen aufgezwungen wurde.[74] Der Irak wiederum erlebte unter der Präsidentschaft von Saddam Hussein eine bis dahin ungekannte Welle des Patriotismus und Nationalstolzes, besonders während des Kriegs gegen den Iran (1980–1988), den die Iraker einhellig als Sieg feierten. Aber der Golfkrieg des Jahres 1991 machte alle Hoffnungen auf eine irakische Renaissance zunichte. Das gegen das Land verhängte Embargo, das Programm „Öl für Lebensmittel", die gezielten amerikanischen Luftangriffe und die Unterdrückung durch das Regime stürzten den Irak ins Elend und warfen ihn auf das Niveau eines Entwicklungslandes zurück. Zwischen 1991 und 2003 starben an die 150.000 Kinder an Unterernährung.

Wer gibt den Sunniten ihren Stolz zurück? In den 1990er Jahren präsentierte sich der Islamismus als Lösungsversuch. Aber die streng arabischen Staaten enttäuschten sämtlich: Saudi-Arabien war mit den USA verbündet; in Algerien wurde die Islamische Heilsfront (FIS) 1992 um ihren Wahlsieg gebracht; der Sudan war durch den Krieg mit dem Süden gelähmt; die iranische Revolution von 1979 wurde von Schiiten getragen. Als letzter Hoffnungsschimmer blieb Afghanistan unter den Taliban und Mullah Omar, aber im Jahr 2001 bereitete die amerikanische Offensive diesem Versuch einer islamischen Staatsbildung ein Ende. Osama bin Laden ist die einzige Figur des politischen Islam, die unangetastet aus all dem hervorgeht. Al-Baghdadi hat geschworen, den Tod des Al-Qaida-Chefs, dem er eng verbunden war, durch 100 Anschläge zu rächen.

Angesichts der amerikanischen Invasion des Irak im Jahr 2003, die sie wieder einmal an den Rand drängte, stellen sich viele Sunniten die Frage, ob nicht ein Fluch auf ihnen lastet. Ist es vielleicht nur die gerechte Antwort auf ihre mangelnde Frömmigkeit? Ist die *asabiyya* der irakischen Stämme von Gott verflucht? Alle Religionsgelehrten und Gebildeten des Nahen Ostens kennen und schätzen die historische Analyse, die im 15. Jahrhundert von dem Tunesier Ibn Khaldun in seinem Werk *Muqaddima* entwickelt wurde.[75] Der Gelehrte verknüpft darin zwei Konzepte: *asabiyya*, das Prinzip des sozialen Zusammenhalts und der ethnischen wie religiösen Identität, insbesondere auf der Klan-Ebene, und *mulk*, die weltliche Macht. Jede Dynastie und jedes Volk, so Ibn Khaldun, breitet sich in einem Territorium aus, erreicht einen Höhepunkt und sinkt dann wieder herab. Ein Volk, das seiner *asabiyya* folgt und die Religion hochhält (insbesondere die Scharia als Grundlage jeder Prosperität) erlangt auch *mulk*, Macht, bis es der Unreinheit, dem städtischen Leben, Luxus und Ungerechtigkeit verfällt und schließlich untergeht; es unterliegt dann zwangsläufig der *asabiyya* eines anderen Volks. Wie viel Wahrheit darin steckt, ist hier nicht wichtig, jedenfalls ist genau das die Geschichtsinterpretation von Da'ish: Er sieht die Zeit gekommen, der sunnitisch-arabischen *asabiyya* wieder zur Geltung gegenüber ihren Feinden zu verhelfen, indem man auf Vergnügungen und Trivialitäten verzichtet, buchstabengetreu die Forderungen der Sunna umsetzt und den Worten des Propheten in Mekka und Medina folgt. Der Islamische Staat versteht sich als die große Rückbesinnung auf die Ursprünge.[76]

Für die ehemaligen Anhänger der Baath-Partei, die gemäßigten oder laizistischen Muslime, die die aktiven militärischen Kader von Da'ish stellen, ist die Kalifats-Idee und die mystische Vergangenheit, die sie beschwört, eher zweitrangig. Sie nehmen sie hin, weil sie den arabischen Neonationalismus fördern wollen. Der Dschihadismus der Organisation lässt sie teils kalt, teils erscheint er ihnen als unvermeidliches Übel. Viele sehen darin lediglich populäre Methoden des nationalen Widerstands, wie ihn die Hamas in Palästina betreibt. Auch sie sind in der Hauptsache politische Opportunisten.

Der Krieg gegen Assad, der im Jahr 2011 ausbrach, hat schließlich die Sunniten in Irak und Syrien zusammengeführt, das Solidaritätsnetz der Stämme wurde über die Grenzen hinweg neu geknüpft, Handel und Verkehr kamen wieder in Gang. Die irakischen Sunniten haben sich rasch mit ihren syrischen Brüdern gegen das autokratische Regime von Assad solidarisiert, was auch ihre Zustimmung zu Dschihadisten-Gruppierungen begünstigte, die sich der Rebellion anschlossen. Die Erneuerung der Kontakte zwischen den Stämmen und religiösen Gruppierungen führt dazu, dass sich die Menschen von der Vorstellung eines zentralen Nationalstaates wie dem Irak lösen und sich neuen Regierungsformen wie dem Islamischen Staat zuwenden.[77]

Jeder Lösungsversuch der Krise des Jahres 2014 muss diesen über Staatsgrenzen hinausreichenden Nationalismus berücksichtigen. Selbst wenn Da'ish geschlagen, dezimiert oder sein Kalif getötet wird, das Problem der sunnitischen arabischen *asabiyya* im Irak und in Syrien bleibt bestehen. Mit seinen Bombardierungen gibt der Westen den Gefühlen von Erniedrigung und dem Wunsch nach Rache nur neue Nahrung und schweißt all die Akteure, deren Zusammenhalt bislang eher schwach war, enger zusammen.

Die Kultur des Dschihadismus

Von Europa aus betrachtet sind die Gewalttaten, die der IS seinen Gegnern antut, unfassbar. Die durch die Organisation verbreiteten Videos zeigen nichts als Massaker, Folterungen, Verstümmelungen, Vertreibungen, Hinrichtungen mit dem Schwert, dem Messer oder Sturmgewehr. Man sieht, wie aus nächster Nähe wahllos auf Menschen geschossen wird, abgeschlagene Köpfe auf Parkzäune gespießt, wie Gott für die Sprengung einer Kirche oder einer Moschee gepriesen wird. Am 1. Mai 2014 wurden in Rakka sieben Personen öffentlich gekreuzigt, vor Kindern und Passanten, die die Szene fotografierten.[78] Anfang August wurden mehrere Hundert unbewaffnete Jesiden Opfer der Barbarei: Die Männer und Jungen wurden hingerichtet, die Mädchen den Kämpfern als Geschenk angeboten, geschlagen, vergewaltigt, zum Glaubenswechsel gezwungen.[79] Die extreme Brutalität hat tiefe Wurzeln, denn die Dschihadisten des IS orientieren sich an uralten Vorbildern, mit denen sie jede ihrer Taten rechtfertigen.

Mohammed war in der ersten Phase seines Lebens eine gütige, Christus nicht unähnliche Gestalt. Als er in Mekka verfolgt wurde, entschloss er sich zur Auswanderung. Anlässlich dieser Episode billigte der Koran Blutvergießen im Namen Gottes: „Denjenigen, die bekämpft werden, ist die Erlaubnis (zum Kämpfen) erteilt worden, weil ihnen Unrecht geschehen ist. Allah hat die Macht, ihnen zu helfen" (Sure 22, Vers 39). Die möglichen Gegner werden unter dem Begriff *kafir* (Plural: *kuffar*) zusammengefasst, die „Ungläubigen", die Scheinheiligen, die die Wahrheit Gottes verunklären oder entstellen, kurz die Heiden, die Christen, die Juden und hinterlistigen Muslime.[80] Die Männer des IS nutzen und missbrauchen diese Art von Schwarz-Weiß-Sicht der Welt, die alles in Gut und Böse teilt, das „Haus des Islam" und das „Haus des Krieges".

Ab 622 war der Krieg also erlaubt, allerdings hatte Mohammed ihn zu diesem Zeitpunkt noch nicht genutzt. Doch die Misere der Mekkaner, die ihm nach Medina gefolgt waren, ließ ihm keine andere Wahl, als seine junge Exilgemeinde durch Plünderungen zu ernähren. In den muslimischen Quellen werden diese Überfälle niemals negativ dargestellt, die Mehrzahl der Berichte über diese Raubzüge, *maghazi* genannt, schließt mit der Formel: „Er ging hin, griff an, tötete, machte Beute und kam unversehrt zurück". So wurde Mohammed ein Kriegsherr, ein *qaid* („Kommandant"). Im Jahr 623 unternahm er ein Dutzend kleinerer Militäroperationen gegen die Mekkaner, die ihn vertrieben hatten. Daran nahmen keine hundert Männer teil, es kam niemand zu Tode, es gab nur ein paar Leichtverletzte. Ziel dieser Angriffe war es, dem Gegner Vieh zu stehlen und den Einwohnern von Mekka Angst einzujagen. Religiöse Aspekte waren dabei zweitrangig.

Eine Episode verleiht diesen Operationen schließlich doch eine sakrale Dimension: Ein Anführer der Muslime kommt von einem Raubzug nach Nakhla während des Monats Muharram, des geheiligten Monats der Auswanderung, zurück. Mohammed lehnt zunächst empört die Annahme des ihm zustehenden Anteils der Beute ab: „Ich habe dir nicht gesagt, dass du während des geheiligten Monats kämpfen sollst!" Aber der Koran kommt dem übereifrigen Anführer zu Hilfe: „Sie fragen dich über den Kampf im heiligen Monat. Sag: Dann kämpfen ist bedenklich, aber Menschen von Allahs Weg abbringen und Ihn und die Heilige Moschee leugnen und ihre Bewohner austreiben, ist noch bedenklicher vor Allah" (Sure 2, Vers 217). Gott akzeptiert also auch profane Handlungen, sofern es sich um den Kampf gegen die ausgemachten Feinde des Islam handelt. Nachdem das geklärt ist, schreitet Mohammed zur Aufteilung der Beute und nimmt das ihm zustehende Fünftel an. Beutezüge sind fortan legitimer Bestandteil seines Belohnungssystems für treue Anhänger und werden in die Strategie der Verbreitung des Islam integriert.

Im Jahr 624 werden die Feldzüge gegen Mekka häufiger und intensiver geführt. Eine Rückeroberung der Kaaba ist nur durch Krieg möglich. Mohammed verlässt Medina mit mehreren Hundert Gefährten. In der Schlacht von Badr, in der die Engel auf Seiten der Muslime gefochten haben sollen, trifft er auf die Mekkaner. Zum Gedenken an seinen Sieg verfügt Mohammed den Fastenmonat Ramadan und propagiert von nun ab den Heiligen Krieg, den nicht bloß zur eigenen Verteidigung oder der gerechten Sache wegen geführten Dschihad, sondern den Krieg gegen die Vielgötterei in Mekka.

Die Überlieferung billigt die Feldzüge Mohammeds: „Der Gesandte Gottes bereitete sich auf den Krieg vor, um den ihm von Gott gegebenen Befehl auszuführen, den Dschihad gegen den Feind zu führen."[81] Im Koran ist viel weniger von Krieg (*harb*) als vom Dschihad die Rede, was zunächst so viel wie „Eifer" oder „Bemühung" bedeutet, die Sache Gottes zum Sieg zu führen, nicht als Kriegshandlung, sondern dadurch, dass sich jeder Gläubige der Sache der Gemeinschaft verschreibt. Doch nach und nach wird das Wort Dschihad im Koran untrennbar mit dem Ausdruck „Weg Allahs" (*Dschihad fi sabil Allah*), dem Weg des Krieges gleichgesetzt: „Wer für die Sache Allahs auswandert, der wird auf Erden genug Stätten der Zuflucht und der Fülle finden." (Sure 4, Vers 100); „Und kämpft für Allahs Sache gegen jene, die euch bekämpfen [...]. Und bekämpft sie, bis die Verfolgung (*fitna*) aufgehört hat und der Glaube (*din*) an Allah frei ist." (Sure 2, Verse 190–193) Die Sure 9 definiert den Dschihad als erbarmungslosen Kampf gegen jeden *kafir*. Das Töten im Namen des Dschihad ist moralisch nicht verwerflich und kein Anlass zur Blutrache. Es ist ein Heiliger Krieg, dessen Ziel nicht Auslöschung, sondern der Sieg Gottes durch Unterwerfung oder Konversion ist. Den Muslimen, die trotz ihrer

Tapferkeit und obwohl sie Gott auf ihrer Seite haben im Kampf fallen, kann Mohammed unter Verweis auf den Koran Belohnung im Jenseits versprechen (Sure 3, Verse 169–172).

Die Mehrdeutigkeit des Ausdrucks „Dschihad" wurde in der Epoche des Kalifats immer mehr im Sinne eines militärischen Kampfs und nicht als moralische oder spirituelle Anstrengung ausgedeutet. Die Beteiligung wurde zunehmend verbindlicher gesehen, allerdings mehr als Verpflichtung der Gemeinschaft (*fard al-kifaya*), weniger als persönliche Verpflichtung (*fard al-ayn*), das heißt, das einzelne Mitglied kann seinen Beitrag auch durch Spenden leisten. Doch wenn der Islam angegriffen wird, ist der Dschihad Pflicht für alle. Natürlich haben zahlreiche muslimische Gelehrte der Neuzeit betont, dass der kriegerische Dschihad weitaus weniger wichtig sei als der innere Dschihad (*al-dschihad al-kabir*), der persönliche Kampf gegen die Sünde. Doch die saudischen Wahhabiten, die algerischen und syrischen Salafisten und die Taliban legen den Dschihad anders aus.

Der „Kalif Ibrahim", der jetzige IS-Führer, erklärte in seiner Freitagspredigt am 4. Juli 2014, warum der Dschihad unvermeidlich sei, womit er seinen Machtanspruch und seine Methoden rechtfertigte und gleichzeitig neue Anhänger zu gewinnen suchte:

„Das Schlimmste in der Religion sind die Neuerungen, jede Neuerung ist eine Veränderung, jede Veränderung ist eine Verirrung. […] In diesem Monat (Ramadan) öffnet sich uns der Weg des Dschihad. Der Prophet – mögen ihm Segen und Heil zuteilwerden – sammelte die Banner hinter sich und mobilisierte die Armeen, um gegen die Ungläubigen zu kämpfen. […] Er hat uns befohlen, seine Feinde zu bekämpfen und den Dschihad zu führen. […] Und Allah hat euren Brüdern, den Soldaten des Dschihad, den Sieg geschenkt und ihnen nach langen Jahren des Dschihad, der Entbehrungen und des Kampfes gegen die Feinde Allahs das Kali-

fat gegeben. [...] Wenn ihr euch nur klarmacht, was der Dschihad für euch als Belohnung bereithält, Ehre, hohen Rang und Ruhm in diesem Leben und im Jenseits, dann wird niemand von euch im Dschihad nachlassen!"

Damit steht er ganz in der Tradition der mittelalterlichen Sunniten.[82] Die im 9. Jahrhundert von al-Buchari zusammengetragene Hadith-Sammlung enthält ein langes Kapitel über die Regeln des Kampfes, das *Buch des Dschihad und des Verhaltens im Krieg*. Dort heißt es: „Ich habe den Propheten gefragt: Welches ist das verdienstvollste Werk? – Das Gebet zur vorgesehenen Stunde zu verrichten!, antwortete er. Und was kommt danach?, fragte ich. – Seine Eltern zu ehren, sagte er. Und dann?, fragte ich. – Der Dschihad für die Sache (den Weg) Gottes!, antwortete er." Und an anderer Stelle heißt es: „Der Prophet hat gesagt: Wisset, dass das Paradies im Schatten der Schwerter liegt." Die Hadithe zeichnen ein Bild der Kriegsführung, das sich am Vorbild Mohammeds orientiert und dessen Regeln auch die Handlungen der heutigen Dschihadisten bis ins Kleinste bestimmen. So ist bis ins Detail beschrieben, wie man seine Waffen zu führen hat, wie man sie reinigt, wie man sich dem Feind gegenüber verhält usw. Gemäß diesen Hadithen muss es der Wunsch aller Eltern sein, dass ihre Kinder in den Dschihad ziehen, allerdings müssen diese sie erst um Erlaubnis bitten (es sei denn, die Eltern sind schlechte Muslime oder *kuffar*). Die Frauen beteiligen sich nicht am Dschihad, sondern eher an der Pilgerfahrt, aber sie können durchaus die Krieger begleiten, sie pflegen und bei den Vorbereitungen helfen.

Bevor man in den Krieg zieht, muss man dem Gegner erst eine Aufforderung zur Unterwerfung (*da'wa*) zukommen lassen; nur bei negativer Antwort ist der Dschihad gerechtfertigt. Gegenüber Heiden und Jesiden ist dies jedoch eine unnötige Rücksichtnahme. Christen und Juden, die sich unterwerfen, sollen respektiert werden. Frauen und Kinder zu töten ist verboten, aber man kann einen Feind durchaus auch im Schlaf töten, ja sogar Gefangene, auch List und Lüge sind erlaubt. Zum Thema Vergewaltigung sagen die Hadithe nichts, aber sie enthalten die befremdliche Erlaubnis, Christinnen, Jüdinnen und schlechte Musliminnen zu entkleiden. Da die Sexualität zum Bereich von *halal* und *haram* (das Erlaubte und das Verbotene) gehört, darf der fromme Muslim theoretisch gesehen seine Opfer nicht missbrauchen. Allerdings steht ihm die Möglichkeit offen, eine *mut'a*, eine Ehe auf Zeit, einzugehen – für einige Tage oder auch einige Wochen, das hängt auch von einer dafür vorgesehenen Zahlung ab.[83] Zeugenberichten zufolge wurden jesidische Frauen Opfer dieser Form von Ehe-Missbrauch. Kommt es zum Kampf, so schlägt man sich vornehmlich am Morgen oder am Abend. Nach der Schlacht muss man sich waschen, die Toten ordentlich ausrichten und beten. Die Gefallenen werden an Ort und Stelle ohne vorherige Waschung in ihrem Blut beerdigt, sie sind durch ihren Tod gereinigt. Schließlich wird empfohlen, während des Kampfes oft *Allahu akbar* zu rufen.

All diese Regeln, die vom 7. bis 10. Jahrhundert entwickelt wurden, werden von den Dschihadisten im Irak und in Syrien peinlich genau beachtet, nur dass an die Stelle des Schwertes die Kalaschnikow getreten ist.[84] Man reinigt das Gewehr so, wie man seinerzeit sein Schwert gereinigt hat. Man trägt einen nach der Art des Propheten gestutzten Vollbart. Nach den strengen Regeln von Ibn Taymiyya (1263–1328), dessen Werk auf den Internetseiten von Da'ish abrufbar ist, sind die Muslime gehalten, sich durch Ausrüstung, Schießübungen und Entsagung für den Kampf bereit zu halten und notfalls auch den Märtyrertod zu sterben: „Nur im Dschihad kann man im höchsten Glück leben und sterben. […] Es gibt keinen besseren Tod." Wie alle terroristischen Bewegungen schreckt auch Da'ish nicht vor Selbstmordattentaten zurück, die durch Videos, die die Tapferkeit der Kämpfer preisen, weite mediale Verbreitung finden.[85] Die Märtyrerkandidaten zeigen keine Emotion oder Angst, ihre einzige Sorge ist, dass sie diesem Tod würdig sind. Dabei setzt der IS Selbstmordattentate weitaus pragmatischer ein als al-Qaida im Irak. Ziel ist nicht die allgemeine Destabilisierung, sondern die Kontrolle über Gebiete zu bekommen, weshalb sich die Attentate vor allem auf militärische Objekte konzentrieren, während es al-Qaida vornehmlich um eine möglichst hohe Zahl von Opfern geht.[86]

Trotz der präzisen Regeln für den Dschihad verschonen die radikalen Kämpfer weder die Besiegten noch Frauen. Junge Franzosen sind nach Syrien und in den Irak aufgebrochen, ohne ihre Eltern um Erlaubnis zu fragen. Da'ish nimmt in Syrien auch Dreizehn- und Vierzehnjährige in seine Reihen auf und bildet sie an Waffen aus, obwohl die Scharia ein Mindestalter von 18 Jahren vorschreibt. Immerhin scheint ihr Einsatz auf Waffentransporte und Wachdienst beschränkt. Allerdings gibt es auch Berichte über jugendliche Selbstmordattentäter.[87]

Vergewaltigung und Menschenhandel sind weit verbreitet, obwohl sie in den Hadithen nirgends empfohlen werden. Doch wenn der Dschihadist seinen Gegner als *kafir* betrachtet, treten die militärischen Regeln vor dem unerlässlichen Sieg Gottes in den Hintergrund.[88] Nur, wer entscheidet darüber, ob jemand ein *kafir* ist oder nicht? Für Fundamentalisten ist es leicht, auch islamistische Regime zu den *kuffar* zu zählen, etwa das mit den USA verbündete Saudi-Arabien, oder auch bloß Muslime, die Da'ish skeptisch gegenüberstehen. Praktisch jeder kann zum Ungläubigen erklärt werden. Anders sind die an den Turkmenen im Norden und sogar den Sunniten begangenen Gräueltaten nicht zu erklären.[89] Auch die eindeutig nicht religiös motivierten Taten der jetzigen Dschihadisten, etwa die Versklavung von Gefangenen, Gelegenheitsüberfälle und Plünderungen, lassen sich leicht durch die ersten Feldzüge Mohammeds rechtfertigen, die ebenfalls keinen heiligen Zielen dienten. Verhandlungen und Abmachungen erscheinen vor diesem Hintergrund nutzlos und können jederzeit ohne moralische Skrupel gebrochen werden. Selbst die Zugehörigkeit zur gleichen Gemeinschaft von Muslimen ist kein mäßigender Faktor mehr.[90]

Angesichts all der vermeintlichen Verräter am Islam – der Kurden, der Schiiten, der gemäßigten Sunniten – erscheint die schlichte Frömmigkeit als Schwäche. Der IS hält für Feinde die Enthauptung mit dem Schwert bereit, da dies den Eintritt ins Paradies verhindert, das man mit dem Kopf voran betritt. Es geht nicht bloß darum, die Person zu töten, man will auch gleich ihr Seelenheil vernichten. Wird dem Opfer der Hals durchgeschnitten, so hat das ähnlichen Charakter wie bei einem Schaf, das für das Islamische Opferfest (*aid al-kabir* oder *aid al-adha*) geschlachtet wird. Der Feind wird zum Tier herabgestuft und als Sühneopfer dargebracht.

Der Medienterror

Die Erfolge des IS sind auch auf seine geschickte Nutzung der Medien zurückzuführen, die ihm bei der Rekrutierung neuer Anhänger helfen und die Terrorkampagnen gegen seine Gegner im Irak und in Syrien unterstützen. Diesen geschickten Umgang mit den Medien hat sich der IS teils von den Videobotschaften Osama bin Ladens und der (früher mit al-Qaida verbündeten) Islamischen Armee im Irak abgeschaut, die ihre Entführungen und Militäraktionen ebenfalls häufig im Film festhielt.

Am 31. März 2014 veröffentlichte der IS seinen zweiten „Tätigkeitsbericht" mit präzisen Angaben zu seinen Operationen: 10.000 Einsätze im Irak zwischen November 2012 und

November 2013, 1.083 gezielte Tötungen und 4.465 Autobomben.[91] Die Verbreitung dieser Gewalttaten ist der schockierendste und bekannteste Teil der Medienpolitik von Da'ish. Die Organisation wendet sich damit direkt an ihre Gegner, sucht sie verächtlich zu machen und schafft ein Klima des Terrors, das den Boden für ihre militärischen Aktionen bereitet. Die tragische Flucht der irakischen Soldaten aus Mosul war die Folge einer Panik, die unter anderem durch diese Videos ausgelöst wurde. Im Juni 2014 gingen Bilder eines Gemetzels an 1.700 Soldaten durch alle sozialen Netzwerke. Sie zeigten Hunderte von Soldaten in Unterwäsche, die Hände hinter dem Kopf, die unter dem Hohn und Spott der Dschihadisten wie Schlachtvieh barfuß durch die Wüste getrieben wurden. Auch die Zivilbevölkerung ist Ziel dieser Kommunikation des Terrors: Ganze Familien werden ohne jeden Anlass auf der Flucht in ihren Autos erschossen, gefesselte Muslime liegen in Reihen am Boden und werden niedergemäht, unterlegt mit Gebeten, Koranzitaten und Musik wie in einem Hollywood-Film.[92] Aufnahmen der Enthauptung entführter britischer und amerikanischer Journalisten – beispielsweise von James Foley am 19. August oder von Steven Sotloff am 2. September – sind inszenierte Direktübertragungen des Todes: Die ockergelbe Wüste, die bis zum Horizont reicht, ein maskierter, schwarz gekleideter Dschihadist, ein kniendes Opfer in orangefarbener Tunika; die kontrastreichen Farben schaffen eine surreale, emotionslose Ästhetik, der Henker vollendet sein Werk selbstsicher und ohne innere Regung. Die Botschaft richtet sich ausdrücklich an die USA[93] und kommt dort umgehend an: Wir gehen bis zur letzten Konsequenz ... Zum Entsetzen gesellt sich beim Zuschauer der Zweifel, ob der demokratische Westen überhaupt in der Lage ist, gegen Da'ish zu kämpfen.[94] Aus Fassungslosigkeit wird Unschlüssigkeit, aus der die Niederlage geboren wird.

Außer der Verbreitung von Entsetzen nutzt Daʿish die gesamte Medienpalette auch für seine religiöse Botschaft. Der Tod der Ungläubigen, die Ausrottung des Lasters in Rakka oder Falludscha, die Großartigkeit der Botschaft des Korans, die Selbstverleugnung der Krieger des Islam, jede Aktion von Daʿish wird positiv illustriert, um an den Zusammenhalt der Muslime zu appellieren, das alles mit vielen Zitaten aus den Hadithen oder der Rechtsgelehrten versehen. Dabei schreckt der IS auch nicht vor reiner, inhaltsloser Provokation zurück: „Wenn es Gott gefällt, lassen wir die Flagge Allahs über dem Weißen Haus wehen", erklärte im August der Sprecher von Daʿish gegenüber dem Magazin *VICE*.

Der „Kalif Ibrahim" dosiert seine Botschaften sehr gezielt, um sich seine geheimnisvolle Aura zu bewahren. Sein klassisches Arabisch und seine Beachtung des *tadschwid* – der Regeln der Koranrezitation – sind tadellos. Häufig mischt er Koranverse und Zitate aus Hadithen in seine Erklärungen. Niemand hat Zweifel daran, dass er erleuchtet ist. Über *Al-Furqan Media* verbreitete er im Juli 2014 seine Botschaft für den Monat Ramadan, in der in plakativer Form seine Anhänger aufstachelte und die Gegner herabwürdigte:

„Greift zu den Waffen, greift zu den Waffen, oh ihr Soldaten des Islamischen Staats, und kämpft! Kämpft! [...] Zeigt der Welt, dass ihr in einer neuen Ära lebt. [...] O Umma des Islam, die Welt ist heute in zwei Lager gespalten, es gibt kein drittes: das Lager des Islam und des Glaubens und das Lager der Ungläubigen und der Heuchelei, welches gleich dem Lager der Juden, der Kreuzfahrer und ihrer Verbündeten ist. [...] Sie begehen ihre Schandtaten auf unserem Boden, den sie besetzt halten, sie verhelfen ihren ruchlosen Agenten zur Macht, die die Muslime mit eiserner Faust und nach ihren hohlen Slogans lenken: Zivilisation, Frieden, Koexistenz, Freiheit, Demokratie, Säkularisierung, Baathismus, Nationalismus und Patriotismus."

Die eingesetzte Technik sorgt für eine wirkungsvolle Kommunikation, die die gesamte islamische Welt erreicht. Die junge Generation – potenzielle Kandidaten für den Dschihad – ist empfänglich für die „Vernetzung" von Da'ish, das sein Bild- und Filmmaterial mit hochwertiger Technik produziert, während die meisten anderen Terrorgruppen nur schlechte Videos zusammenschneiden. Neben dem IS wirkt al-Qaida geradezu verstaubt. Besonders verbreitet sind Hashtag-Kampagnen,[95] und die englische Untertitelung der Videos erreicht auch Sympathisanten, die nicht arabisch sprechen. Seit Oktober 2014 ist der Internetauftritt des IS auch auf Französisch, was ihm die mediale Aufmerksamkeit in Frankreich und in weiten Teilen Afrikas sichert. Nachdem sich das Emirat Katar jüngst gegen al-Baghdadi positioniert hat, trägt der dort beheimatete Nachrichtensender *Al-Jazeera* ungewollt ebenfalls zur Verbreitung der Propaganda des Islamischen Staats bei – das Bemühen, den IS zu verurteilen, macht ihn indirekt populär.

Der IS nutzt hauptsächlich soziale Netzwerke wie Twitter und Facebook, die weltweite Verbreitung garantieren und juristisch schwer zu gängeln sind. So findet bei Twitter nur eine eingeschränkte Überwachung statt, Nachrichten werden nur gelöscht, wenn Nutzer es verlangen und spezifische Verstöße melden. Das erklärt, warum die Administratoren so lange dafür brauchen, Benutzerkonten von Dschihadisten oder ihrer Anhänger zu sperren.[96] Die grenzenlose Freiheit des Internets garantiert eben auch dem IS freie Kommunikation.

Der Islamische Staat besitzt allerdings seit 2007 mit *Al-Furqan Media Production* auch sein eigenes Video-Label.[97] Diese Propagandaplattform war während der Einnahme von Mosul in der Lage, 40.000 Tweets am Tag zu verschicken. Aber sie ist nur teilweise zentralisiert, Lokalbüros entwickeln ihre eigene Kommunikation via Twitter über Aktionen vor

Ort.[98] Sie müssen dazu nicht mehr tun, als das Banner der Gruppe auf ihrer Startseite zu zeigen. Da'ish profitiert auch von der Unterstützung durch Foren wie *Al-Minbar*[99], die seine Spendenaufrufe verbreiten. Schließlich gibt die Organisation auch einige offizielle Broschüren auf Arabisch und Englisch heraus, in denen sie ihre Positionen und die Tötung von Ungläubigen rechtfertigt.[100] Dies ist das Ziel der Zeitschriften *Dabiq* und *Al-Hayat* („Das Leben"), wo es in der zweiten Nummer hieß: „Das Medienzentrum Al-Hayat hat es sich zur Aufgabe gemacht, die Botschaft des Islamischen Staats in verschiedenen Sprachen zu verbreiten und so die Muslime unter einem einzigen Banner zu sammeln."

Aber die Kommunikationsstrategie des IS stößt an zahlreiche Grenzen. Diese sind teils technischer Natur: Das Kalifat ist im Augenblick – und in absehbarer Zukunft – nicht in der Lage, einen Cyber-Krieg zu führen. Es kann zwar Videos und Bilder verbreiten, hat aber keinerlei Möglichkeiten, die irakischen, saudischen oder westlichen Computersysteme anzugreifen, auch nicht ihre Sendeanlagen, Spionage- und Telefonnetze. Der Islamische Staat nutzt ein Internet, das er nicht kontrollieren kann. Barack Obama hat unterdessen darauf verzichtet, dem IS die Kommunikationsmittel abzuschneiden und seine Medienplattformen zu blockieren, teils, um die Ortung zu erleichtern, teils, damit sich der IS bei den gemäßigten Muslimen diskreditiert. Aus diesen beiden Gründen hat die Gruppe im September ihren Kämpfern das Filmen von Einsätzen verboten. Die irakische Regierung hat ihrerseits per Dekret vom 15. Juni 2014 in fünf Provinzen das Internet blockiert und die Zensur der wichtigsten sozialen Netzwerke angeordnet; wie wirksam diese Maßnahmen sind, lässt sich bislang schwer abschätzen.[101] Die derzeit einzige Möglichkeit, die dschihadistische Propaganda einzudämmen, scheint darin zu bestehen, sie zu boykottieren.[102]

Die Rationalität im Fanatismus

Es wäre zu einfach, die Anhänger des IS als Verrückte, Größenwahnsinnige oder Opfer von Indoktrinierung abzutun. Ihre Entschlossenheit ist nicht die des Psychopathen, sondern die des Gläubigen, der sich sicher ist, dass das Jenseits über diese Welt triumphiert. Zwar spricht der Islamische Staat auch die Entwurzelten und sozial Deklassierten an, aber in erster Linie zieht er ernsthaft gläubige Personen an, die die großen Gelehrten des Mittelalters, allen voran Ibn Taymiya, gelesen haben. Al-Baghdadi hat nichts von einem Erleuchteten, der seine Worte in Verzückung spricht. Der Mann wirkt kalt, intelligent, kultiviert.

Der Islamische Staat ordnet sein ganzes Handeln einem einzigen großen Ziel unter: dem Sieg Gottes. Das ist sein bewusstes, rationalisiertes Anliegen, das er im *Takfirismus* begründet. Diese mittelalterliche Strömung erlebte in den 1970er Jahren eine Renaissance. Sie verficht nicht nur eine Rückkehr zu den Ursprüngen des Islam, sondern propagiert auch Gewalt gegen *kuffar*, die „Ungläubigen" (*takfir* heißt so viel wie „Apostat" oder „Renegat"). Der Takfirismus zeigte sich im 7. Jahrhundert zuerst bei der muslimischen Sekte der Charidschiten, die sich einer Apologie des Kampfes verschrieben, den Krieg gegen schlechte Muslime propagierten und sich damit die Feindschaft von Schiiten und Sunniten gleichermaßen zuzogen. Während des gesamten Mittelalters wiegelten sie die Menschen auf, zettelten Revolten an und stifteten Unruhe. Die meisten iranischen Medien zählen die Männer des IS zur takfiristischen Strömung. IRIB, die staatliche Rundfunkgesellschaft des Iran, redet stets von den „Takfiri des Da'ish". Wegen dieser Doktrin verurteilt auch Hassan Nasrallah, der Anführer der libanesischen Hisbollah, ein Schiit und Verbündeter von al-Assad, die Taten des IS, in denen er nicht eine Konfrontation zwischen Sunniten und Schiiten sieht, sondern die schiere Häresie.[103]

Der Bann der Takfiristen trifft natürlich als Erste die nicht-sunnitischen Minderheiten,[104] allen voran die Christen. In der *Charta des Islamischen Staats im Irak und der Levante*, die am 13. Juni 2014 in Mosul verteilt wurde, heißt es im Artikel 13, dass die Verehrung von Bildnissen verboten sei; mit dieser Begründung zwingt man den Christen unter entwürdigenden Bedingungen den Status von *dhimmi* auf. Die Kirchen im Norden wurden teilweise zerstört oder in Islamzentren umgewandelt, ihre Statuen zerschlagen, die Altäre umgestürzt und die Kreuze durch die Flagge des IS ersetzt. Als die Dschihadisten zwischen dem 6. und 10. Juni 2014 in Mosul und in Bakhdida (Karakosch) einmarschierten, erklärten sie, die Christen dieser beiden Städte nach der Scharia zu behandeln, also ihnen die Ausübung des Gottesdienstes zu erlauben, ihr Eigentum und ihre persönliche Unversehrtheit zu garantieren, allerdings unter der Bedingung, dass sie die *dschizya* entrichteten, eine Kopfsteuer in der beachtlichen Höhe von 60 Dollar pro Person und Monat. Wer sowohl die Zahlung als auch den Übertritt zum Islam verweigerte, dem wurden unter Todesandrohung 24 Stunden zur Flucht gewährt. Die Christen von Rakka haben sich im Januar 2014 entschlossen, zu zahlen. In Mosul drohte der IS in einer über die sozialen Netzwerke verbreiteten Verlautbarung: „Das einzige, was ihnen gebührt, ist das Schwert." Die Höhe der Steuer und das Klima der Unsicherheit, das die Bewaffneten verbreiteten, trieben die Christen aus Erbil und Kurdistan in Scharen zur Flucht und zur Aufgabe ihres ganzen bisherigen Lebens.[105]

Gegen die schiitischen Minderheiten im Norden geht der IS noch härter vor, denn er verdächtigt sie, mit Bagdad im Bund zu stehen. Dabei bleibt das Kulturerbe der Schiiten nicht verschont: Am 24. Juli 2014 zerstörten sie die Moschee, die das

Grab des Propheten Jonas beherbergte. In der syrisch-kurdischen Stadt Tall Maruf wurden im März 2014 die Mausoleen etlicher von der lokalen Bevölkerung verehrten Shaikhs zerstört. Man denkt sofort an die Taliban und die Sprengung der Buddha-Statuen von Bamiyan (RFI, 22.8.2014). Nur Gott allein, kein menschliches Wesen soll Verehrung erfahren. Doch auch der Takfirist al-Baghdadi weiß, dass sein Kalifat keinen Bestand haben kann, wenn er nicht zumindest einen Teil der irakischen Schiiten hinter sich versammelt – oder sie zur Konversion bewegt. Nach der Konfrontation mit Bagdad wird zwangsläufig die Zeit der Verhandlungen und Kompromisse kommen. So hat al-Baghdadi in seiner Predigt vom 29. Juni auch schon mal „die Familie des Propheten" in seine Segenswünsche einbezogen, eine Würdigung der Nachfahren von Ali. Die Geschichte des Abbasiden-Kalifats ist ein gutes Beispiel für diese Art von Versöhnung zwischen Sunniten und Schiiten. Im 10. Jahrhundert stützten sich die Kalifen gegen den Einfluss ihrer Wesire und die Machtansprüche der arabischen Stämme auf türkische Milizen, die Buyiden, die zum Schiitentum konvertiert waren. So geriet Bagdad, die Hauptstadt des Sunnitenreichs, unter die Kontrolle auswärtiger Schiiten. In der Folge kam es in der Stadt zu Aufständen gegen diese häretischen Emire, die den Kalifen stellten und auch stürzen konnten.

Der IS bringt eine eschatologische Komponente in den Islamismus: Die Untertanen des Kalifen sind die Botschafter des Jüngsten Gerichts.[106] Der „Tag der Religion" (*yaum ad-din*), wie das Jüngste Gericht in der ersten Sure genannt wird, ist nahe, bald wird die Gerechtigkeit Gottes erstrahlen. Dann wird allen die Rechnung für ihre guten wie ihre schlechten Taten präsentiert, die in dem Buch verzeichnet sind, das die Engel über jeden von uns führen (Sure 69, Vers 19). Die Zeit für Ausflüchte ist vorbei! Auch wenn der traditionelle Islam im Grunde nicht zur Endzeit-Mystik neigt, finden mittelalterliche apokalyptische Texte – oft schiitisch inspiriert – im Internet weite Verbreitung. Seit dem Ende des 9. Jahrhunderts prophezeien die Schiiten, gestützt auf einige Hadithe,[107] die messianische Rückkehr eines *Mahdi*, eines „rechtgeleiteten" und unfehlbaren, von Gott erwählten Imam. In der Vorstellung der Siebenerschiiten wird diese triumphale Rückkehr von großen militärischen Siegen begleitet. Einer soll in Syrien stattfinden, in Dabiq, was auch der Name einer vom Islamischen Staat herausgegebenen Zeitschrift ist. In einem Hadith ist zu lesen: „Wenn die Stunde gekommen ist, dann sind die Römer [das heißt die europäischen Christen] am zahlreichsten". Zum Glück jedoch „eilt eine muslimische Armee heran, gebildet aus den tapfersten Männern, um ihnen zu begegnen". Sie sollen den Sieg für den Islam erringen. Zahlreiche sunnitische Gelehrte (al-Ghazali im 11. Jahrhundert) und Sufi-Mystiker (al-Halladsch im 10. Jahrhundert) haben den Glauben an den Mahdi aufgegriffen und weiterentwickelt, der für die Gläubigen die Begegnung mit Gott in greifbare Nähe rückt und ihre Erwartung ganz auf die Rückkehr des „Rechtgeleiteten" lenkt. In den sozialen Netzwerken von Da'ish ist derlei Rhetorik allgegenwärtig.[108] Die Koranbezüge auf Syrien (*al-Sham*) und gewisse Hadithe machen aus dieser Wüstenregion einen bevorzugten Ort für Mystizismus, Endzeitvorstellungen und den Sieg des Islam über Satan.[109] Davon zeugt dieser Hadith, der von Zayd ibn Thabit, einem Gefährten Mohammeds, überliefert ist:

Frohe Botschaft für Sham!
Oh Gesandter Allahs, warum?
Ich sehe die Engel Allahs ihre Flügel darüber breiten!

Wie US-Außenminister John Kerry zu behaupten, dass dieser Protostaat keinen religiösen Charakter hat, geht an der Realität vorbei. Die Führung der Vereinigten Staaten versucht das Kalifat in den Medien als rein kriminelle Organisation abzutun. Seine zweifache Dimension – die politische (der Anspruch auf die Hegemonie des Kalifats) und die religiöse (die Behauptung, dass es die eschatologische Erfüllung des Islam sei) – wird dadurch völlig in den Hintergrund gedrängt, während sie doch das Wesen der Sache und den Grund für seines Erfolg ausmacht.

Trotz aller Ähnlichkeiten und gemeinsamer Rekrutierungswege sind der Islamische Staat und al-Qaida Konkurrenten. Sie präsentieren sich wie zweieiige Zwillinge, die miteinander im Wettstreit stehen, was auch erklären mag, dass sie sich in den Taten, mit denen sie sich zu legitimieren versuchen, gegenseitig an Brutalität überbieten.[110] Da'ish predigt die absolute Gewalt, um sämtliche andere radikalen Konkurrenten auszustechen. Doch es ist ein Bündnis sehr unterschiedlicher Gruppen, nur zusammengehalten durch die eher informelle Unterordnung unter Abu Bakr al-Baghdadi. Vor Ort ist jede dieser Gruppen autonom und strebt danach, mehr Entschlossenheit und mehr Respekt vor den Regeln des Dschihad zu zeigen als alle anderen. Die extreme Gewalt ist damit auf der einen Seite ein Trumpf bei der Rekrutierung geworden und sorgt auf der anderen Seite für Fassungslosigkeit.[111]

Die Massenmorde des Islamischen Staats wollen den Anbruch einer neuen Zeit markieren und gleichzeitig zum Ausdruck bringen, dass es kein Zurück mehr gibt – hier wird eine historische Zäsur proklamiert, ganz wie 1793 die Hinrichtung von König Ludwig XIV. oder 1918 die von Zar Nikolaus II. Diese Barbarei hat etwas Revolutionäres und gleichzeitig Totalitäres. Sie zwingt alle beteiligten Gruppierungen, auch die unentschlossensten, dazu, sich für ein Lager zu entscheiden und sich zu radikalisieren. In einem von Medyan Dairieh produzierten Beitrag für *VICE News* sieht man gefesselte Grenzposten auf einem Pick-up. Ein Mann verkündet ihnen, dass sie mit dem Schwert hingerichtet werden, und ruft dann: „Es lebe der Islamische Staat! *Allahu akbar*!" Und die Männer, die kurz vor ihrem Tod stehen, antworten: „Es lebe der Islamische Staat! *Allahu akbar*!" Nur totalitäre Systeme sind kalt und rational genug, um jeden inneren Widerstand ihrer Opfer derart zu brechen, dass sie sogar ihren eigenen Henkern zujubeln. Der IS hat bereits die Schwelle zu Verbrechen gegen die Menschlichkeit überschritten.

Das Alltagsleben im Islamischen Staat

„Jeder erwachsene Muslim, der feststellt, dass eine lobenswerte Handlung unterlassen oder etwas Böses gebilligt wird, muss zwingend einschreiten, sei es durch Gewalt, wenn er dazu in der Lage ist, sei es durch Ermahnung."
Aboubaker Djaber Eldjazaïri (islamischer Schriftsteller)[112]

In den vom IS eroberten Gebieten organisiert sich der Alltag auf ganz neuer Grundlage, ohne dass man den Eindruck einer Revolution hätte, es geht beinahe ruhig und heiter zu, ein Bild, das die öffentliche Zurschaustellung von Leichen der *kuffar* kaum stört. Die *Charta des Islamischen Staats im Irak und der Levante* bildet die Grundlage für die neuen Regeln der Gesellschaft.[113] Sie präzisiert die Rechtsmittel gegen jene, die sich dem göttlichen Willen widersetzen: „Hinrichtung, Kreuzigung, Amputation von Armen oder Beinen, Verbannung".

Gegen das Laster und das Böse wendet man die Verbote der Scharia in der Neuinterpretation der *Charta des IS* an: Facebook ist den Muslimen ebenso verboten wie Zigaretten, die Shisha, Alkohol und Drogen (Artikel 8). Also vernichtete man vor laufender Kamera Cannabis-Pflanzungen in der Stadt Aktharin im Norden von Aleppo.[114] Öffentliche Kundgebungen sind verboten (Artikel 10). Frauen müssen den Niqab tragen und sich von einem nahen Verwandten begleiten lassen, wenn sie das Haus verlassen (Artikel 14). Wer sich für Menschenrechte engagiert – und damit nach IS-Lesart ein Handlanger der westlichen Demokratien ist –, dem droht Folter, wie Samira Salih Ali al-Nuaimi erfahren musste, bevor sie am 22. September 2014 im Zentrum von Mosul erschossen wurde.[115] Die Hisbah, die alte abbasidische Marktpolizei, die die Einhaltung der Sitten in den Städten des Irak überwachten, ist wieder da und patrouilliert im Auto durch Rakka und Mosul. Freundliche, aber dienststeifrige Kontrolleure halten hier und da an, um an einem Schaufenster ein als zu bunt beurteiltes Reklameschild zu entfernen, sie ermahnen einen jungen Mann, den Schleier seiner Frau zu richten, überprüfen, ob die Fastengebote des Ramadan eingehalten werden, inspizieren, ob die Tankstellen das Benzin nicht mit Wasser panschen.[116] In jeder Stadt sind islamische Gerichte eingerichtet worden. Dschihadisten, die eine Religionsschule besucht haben, werden zu Kadis ernannt, also Richtern, die die Scharia anwenden. Die von ihnen verhängten Strafen richten sich nicht nach internationalen Standards oder nach Gesetzbüchern, die keine Geltung mehr haben, sondern werden im Namen der Sunna ausgesprochen. Diebstahl versucht man auszumerzen, indem man jedem, der etwas ab einem bestimmten Wert gestohlen hat, vor Zeugen eine Hand abtrennt.

Diese islamische Ordnung wurde in Gebieten eingeführt, die Bagdad einst mit eiserner Faust regierte. Die Hisbah-Kontrolleure sprechen Verwarnungen aus, stellen aber keine Bedrohung dar. Sie sind im Übrigen viel zu wenige, um die Bewohner wirksam kontrollieren zu können. Die Kämpfer lassen sich mit Kindern fotografieren. Der Islamische Staat gibt sich hier menschlich und sozial engagiert. Man sammelt die Zakat, das pflichtgemäße Almosen ein, und verteilt es an Bedürftige. Familien bekommen pro Kind den Gegenwert von 10 Dollar. Dass westliche Journalisten hingerichtet werden, berührt die Menschen wenig; angesichts der katastrophalen Lage, in der sich der Irak seit 2003 befindet, hat es auch keine große Bedeutung. Die Sunniten von Falludscha haben schon zu viele Tote und Gefolterte in ihren eigenen Familien gesehen, um Tränen über einen hingerichteten Ausländer zu vergießen, noch dazu, wenn es ein Amerikaner ist.

Die Zustimmung der Bevölkerung, zumindest ihre vorsorgliche Zurückhaltung, scheint somit gesichert. Nach dem Freitagsgebet sind die Gläubigen aufgefordert, ans Mikrofon zu treten und unter dem Beifall der Dschihadisten, die für sie kämpfen, um die Vergebung ihrer Sünden zu bitten. Die Barmherzigkeit Gottes senkt sich auf sie herab, ihre Sünden werden von ihnen genommen, und alle Muslime sind wieder Brüder.[117] Und dann stimmen alle ein Lied an: „Das ist die Freude des reuigen Sünders über seine Rückkehr in den Islam und über die Vergebung seiner Brüder". Die Anwerbung von Kindern gehört zu den Prioritäten.[118] Im Juli 2014 wurde in Mosul ein „Spiel- und Spaßtag" mit Fußballturnier und Koranzitate-Wettbewerb veranstaltet.[119] In Rakka wurde anlässlich der Ausrufung des Kalifats ein großes Straßenfest organisiert. Alle nahmen teil, die Überzeugten, die Neugierigen, die Jungen, die Kämpfer. Die Propagandisten sorgten den ganzen Abend über für Stimmung, immer unterbrochen von Jubelrufen – *Takbir! Allahu akbar!* – und Gesängen: „Oh Abu Bakr al-Bah, du Schrecken unserer Feinde, wunderschön sind die Jungfrauen, die bereitstehen, lass mich zum Märtyrer werden."

Auch wenn die Iraker in Bagdad und im Süden noch spotten,[120] der IS schart eine wachsende Zahl von Muslimen um sich, denen er als respektables Regime erscheint, zumal seine

Kämpfer Iraker aus den lokalen Stämmen sind.[121] „Ich habe den Eindruck, es mit einem respektierten Staat zu tun zu haben, nicht mit Verbrechern", erklärte ein syrischer Handwerker.[122]

Der Islamische Staat will zeigen, dass er Verantwortung übernehmen kann und tut alles, um sich dauerhaft territorial zu verankern.[123] Im Unterschied zu den Dschihadisten von al-Qaida will der IS ein vollgültiger Staat sein mit allem, was dazugehört: Territorium, Bevölkerung, Verwaltung. Der Wandel geht mit bemerkenswerter Geschwindigkeit vonstatten.[124] Dazu ist es dem IS wichtig, Chaos und jeden Eindruck von Störung eines geregelten Alltags zu vermeiden. Beim Einzug in Mosul haben die Kämpfer sogleich dafür gesorgt, dass die Beamten und Arbeiter weiter ihre Arbeit verrichten, die Wasser- und Stromversorgung sichergestellt wird und die städtischen Dienstleistungen (Müllabfuhr, Polizei) reibungslos funktionieren. An den Straßenkreuzungen wurden Männer platziert, um den Verkehr zu regeln. Zur Mitarbeit bereite Bürgermeister konnten im Amt bleiben.[125] Als Maßnahme gegen die weitverbreitete Korruption wurde eine Steuer von zehn Dollar pro Monat für Händler eingeführt und ihnen im Gegenzug Sicherheit und eine zuverlässige Versorgung versprochen. In den Städten darf das Leben nicht schlechter werden als zuvor, wenn die Popularität des IS nicht leiden soll.

Aber man wird auch die Zukunft und den Wiederaufbau ins Auge fassen müssen. Der IS braucht Arbeitskräfte und technische Kompetenz, um das Kalifat aufzubauen und es dauerhaft zu etablieren. So schloss al-Baghdadi seine Botschaft zum Ramadan ganz realistisch mit einem Appell an die Muslime, massenhaft in die Gebiete des IS einzuwandern, sich also wie der Prophet Mohammed, der nach Medina auswanderte, auf die Hidjra zu machen. Jeder Muslim kann es Mohammed gleichtun, indem er sich dem IS anschließt:

„O ihr Muslime, wo immer ihr auch seid, wenn jemand seine Hidjra in den Islamischen Staat machen will, so lasst ihn ziehen, denn die Hidjra ins Land des Islam ist eine Pflicht. [...] Ich appelliere besonders an Lehrer, Rechtsgelehrte (der Scharia), vor allem an Richter, an alle, die Erfahrung in militärischen Dingen, Verwaltung, Medizin haben, an die Ingenieure aller Fachrichtungen, wir rufen sie, ihre Gottesfurcht zu beweisen und sich auf ihre Hidjra zu begeben."

Eine flexible militärisch-politische Organisation

„Für die Vereinigten Staaten ist der IS weit mehr als eine Terrorgruppe. [...] Er verbindet seine Ideologie mit einer ausgesprochen raffinierten militärischen Strategie und Taktik. Er verfügt über riesige Finanzmittel. Das geht über alles hinaus, was wir bisher kennen."
Chuck Hagel (amerikanischer Verteidigungsminister, am 21. August 2014)

Da sich der Islamische Staat rasch fortentwickelt, ist es schwierig zu schätzen, über wie viele Kämpfer er verfügt. Vor dem Sommer 2014 konnte man von etwa 10.000 Mann ausgehen,[126] etwa 6.000 im Irak und 5.000 in Syrien.[127] Doch während der großen Operationen im Juni und Juli, bei denen im Zentrum und Norden des Irak Dschihadisten aus Gefängnissen befreit wurden, dürfte diese Basis auf 20.000 Mann angewachsen sein.[128] Die Hälfte der Kämpfer stammt also nicht aus der Region. Im September stieg die Zahl auf annähernd 30.000 Mann, trotz der Bombardierungen.[129]

Ihnen stand die irakische Armee mit 350.000 Mann und 500.000 Polizisten gegenüber, die zahlenstarke Gruppierung der regierungstreuen Sahwa-Milizen noch gar nicht eingerechnet. Dass annähernd eine Million Bewaffnete nicht in der

Lage waren, die IS-Kämpfer zurückzuschlagen, zeigt, dass die Lösung des Problems nicht rein militärisch sein kann.

Der Islamische Staat profitiert seit Juni 2014 von einer wachsenden Zahl Freiwilliger aus dem Ausland – ungefähr 3.000 –, die vor allem über die Grenzen zur Türkei und zu Syrien ins Land strömen.[130] Angelockt durch die Erfolge des IS, seine Videos und seine Kampfschriften, kommen die Dschihad-Kandidaten aus der gesamten islamischen Welt. In Pakistan und Afghanistan nimmt die Popularität des IS zu, zumal die alten Organisationsstrukturen der Taliban zerschlagen wurden.[131] Der IS wird zur neuen Sammlungsbewegung. Die Ausländer sind Algerier, Tschetschenen,[132] Saudis, Tunesier,[133] Libyer, die in die Unruhen ihres Landes nach dem Tod Gaddafis im August 2011 verwickelt waren. Nachdem sie zunächst an der syrischen Front gekämpft hatten, sind sie mit Da'ish in den Irak gezogen. Inzwischen kämpfen auf Seiten des IS 1.000 bis 2.000 europäische Dschihadisten, darunter einige Amerikaner.[134] Auch das gehört zu den vielen Rückgriffen auf die Geschichte, die Da'ish kennzeichnen: Das Kalifat rekrutiert Söldner im Ausland, so wie es schon die Abbasiden im 9. Jahrhundert und später getan haben. Die Kalifen, die ihren eigenen arabischen Soldaten misstrauten, nahmen gern freigelassene türkische Sklaven, die den islamischen Glauben angenommen hatten, in ihre Dienste, dann auch Slawen und Griechen. Aber diese Gruppen entwickelten die lästige Neigung, sich selbstständig zu machen und kleine Emirate zu gründen, beispielsweise im 12. Jahrhundert die Buriden in Damaskus und die Zankiden in Aleppo und Mosul.[135]

Bei den europäischen Dschihadisten, die keinerlei militärische Ausbildung haben, nicht in die Moschee gehen und in den wenigsten Fällen Arabisch sprechen, selbst wenn sie von maghrebinischer Herkunft sind, handelt es sich zumeist um Islamisten, die sich über das Internet und durch Bekannte selbst radikalisiert haben. Die Berichte über die Gräueltaten in Syrien, islamistische Videos und einfache Kontakte in sozialen Netzwerken können sie dazu veranlassen, ihre Heimat zu verlassen. Viele waren schon mit dem Gesetz in Konflikt geraten, bevor sie sich dem Dschihadismus zuwandten, und verfügen nur über ein sehr begrenztes Verständnis des Islam, was in der Bewegung auf Unmut stößt.[136] In ihrem Aufbruch in den Nahen Osten sehen sie eine Gelegenheit, die Ursprünge des Islam kennenzulernen, es ist ihre Hidjra, eine Pilger- und Abenteuerreise zugleich. Trotz aller Gefahren bietet der Dschihadismus eine Möglichkeit, sich der Religion zu verschreiben, die dem Einzelnen weniger abverlangt als ein gottesfürchtiges und frommes Alltagsleben in den säkularisierten Ländern. Die Konvertiten finden in Syrien und im Irak eine klare Unterscheidung zwischen dem Guten und dem Bösen, wie sie die postmodernen Gesellschaften längst aufgegeben haben.[137] Doch vor Ort werden diese frischgebackenen Muslime oft unfreundlich aufgenommen oder erst einmal wochenlang auf die Probe gestellt. Man betraut sie mit der Aufgabe, Gefangene aus ihren Heimatländern zu bewachen.[138] Solange sie kein Arabisch sprechen, bleibt ihnen der Aufstieg in der Kommandostruktur verwehrt.

Neben der Rekrutierung von Kämpfern erklären sich die militärischen Erfolge des IS in Syrien und im Irak, auch durch die überraschende Menge an Waffen, über die er verfügt und die er auf Paraden in Rakka zur Schau stellt.[139] Da'ish hat etwa 30 sowjetische Panzer vom Typ T-55 von Assads Armee erbeutet, dazu einige T-72, die nachgewiesenermaßen bereits zum Einsatz kamen. Dazu kommen gepanzerte Fahrzeuge der Bauarten Humvee und MRAP, die von der irakischen Armee erbeutet wurden,[140] sowie 52 Haubitzen M-198 Kaliber 155 mm,[141] außerdem, was wirklich Anlass zur Sorge gibt, SCUD-Raketen[142] in unbekannter Zahl und unbekanntem Zustand. Doch ohne die Kenntnisse, die erforderlich sind, diese Waffen auch zu bedienen, beschränkt sich ihre Gefährlichkeit auf den Propagandawert bei Paraden. Genauso steht es mit Plänen zu Angriffen mit chemischen und biologischen Waffen.[143] Bedenklicher ist da schon, dass sich im Arsenal des IS auch drahtgelenkte Panzerabwehrraketen (TOW, Kornet, HJ-8) befinden, die zusammen mit konventionelleren Panzerabwehrraketen (RPG-7, M-70, OSA) wirkungsvoll gegen syrische und irakische Panzerfahrzeuge eingesetzt werden können.[144] Schließlich soll der IS auch über eine unbekannte Zahl Flugabwehrraketen kurzer Reichweite verfügen (SA-18, SA-24, FN-6).[145] Am 17. Oktober erbeutete die Organisation drei Jagdflugzeuge auf einer syrischen Luftwaffenbasis unweit Aleppo. Mit Hilfe in Frankreich ausgebildeter ehemaliger Piloten aus Saddam Husseins Diensten gelang es ihr immerhin, diese Flugzeuge aufsteigen zu lassen, aber dieser Ansatz einer Luftwaffe wird es niemals mit der Koalition oder Damaskus aufnehmen können, das allein über ein Flugarsenal von mindestens 400 Maschinen verfügt.

Da'ish hat im Jahr 2014 bemerkenswerte taktische Fähigkeiten bewiesen und sich von einer Terrororganisation zu einer schlagkräftigen Armee gemausert. Seine Kämpfer sind hochmotiviert, verfügen über hervorragende Kriegserfahrung und haben gezeigt, dass sie Städte infiltrieren und gegen reguläre syrische und irakische Truppen vorgehen können.[146] Gegen ihre urbane Guerillataktik sind die irakischen Truppen schlecht vorbereitet.[147] Dem bewaffneten Zweig des IS ist es im Jahr 2013 gelungen, sich dauerhaft in der Provinz Diyala festzusetzen, die zu diesem Zeitpunkt nicht nur recht weit von ihren Ausgangsbasen entfernt, sondern auch von schiitischen Milizen kontrolliert wurde. Im Jahr 2007 gingen die dortigen Selbstmordattentate noch im Wesentlichen auf das Konto von al-Qaida, aber zwischen 2012 und 2013 wurde Diyala das Ziel großangelegter Da'ish-Operationen. Das strategische Ziel war die Einkreisung Bagdads von Norden her, die Destabilisierung der Stellungen der irakischen Armee und, nach einem Überraschungsangriff auf die Provinz Anbar, der Vormarsch von Westen und Norden. Zwar wurde Bagdad nicht eingenommen, aber der Plan hatte Substanz, ebenso die zeitliche Abstimmung der Angriffe quer durch das ganze Land auf einer 500 Kilometer langen Front, der sogenannten „Grünen Linie" Nadschaf-Kerbela-Bagdad-Samarra. Die Koordination und die taktischen Manöver sprechen für die Mitwirkung von Baath-Offizieren.[148]

Doch unschlagbar ist der IS nicht. Schon am 1. September 2014 begannen seine Kämpfer, sich aus den Straßen von Mosul in Richtung der syrischen Stadt Rakka zurückzuziehen.[149] Am 4. September fand Abu Hadschir al-Suri, die rechte Hand von al-Baghdadi, den Tod bei einem gezielten Angriff der irakischen Armee, der nur auf Grundlage präziser Informationen möglich war.[150] Das bedeutet, dass die Feinde von Da'ish vor Ort Informanten gefunden haben müssen. Im Oktober 2014 hat dann der IS trotz Erfolge im Westen des Irak in der Provinz Diyala seinen Rückhalt verloren, allerdings hatte er dort immer nur einen unsicheren Stand gehabt. Die Bombardierungen im Verein mit den Militäroperationen Bagdads und der Peschmerga-Kämpfer haben den IS wohl zu der Taktik gezwungen, Zuflucht in städtischen Gebieten zu suchen, wo sie ihre Anschläge unvermindert fortsetzen.[151] Dieser Rückzug zeigt aber auch, wie schnell sich die Kämpfer neu aufstellen können, und zwar über die Landesgrenzen hinweg, die für sie ohnehin nicht mehr existieren.

Das Organigramm des IS zeigt eine flexible und dezentrale Struktur, wie sie auch nötig ist, um die Gefolgschaftstreue der sunnitischen Stämme zu erhalten. Der Kopf ist al-Baghdadi,

Organisationsstruktur des Islamischen Staates

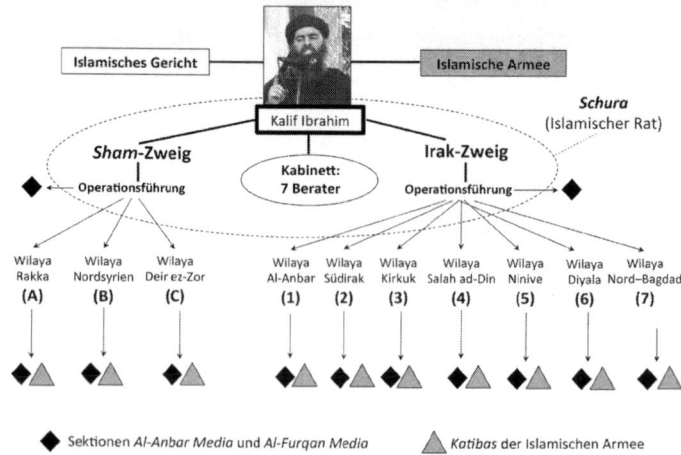

Sektionen *Al-Anbar Media* und *Al-Furqan Media*   ▲ Katibas der Islamischen Armee

Wilaya (Verwaltungsbezirke) des Islamischen Staates

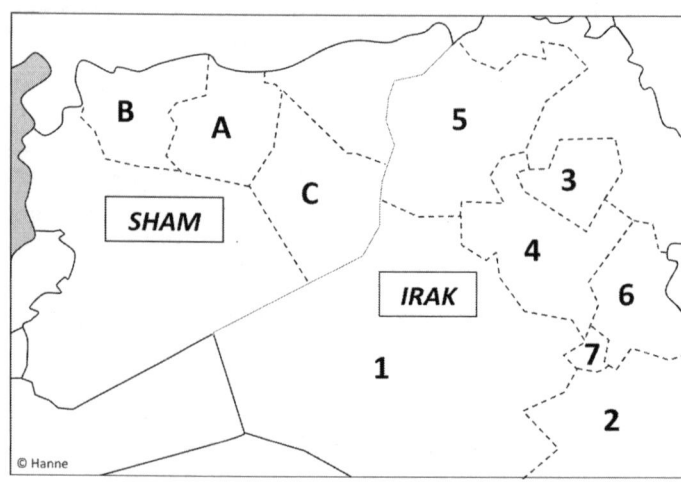

doch nichts weist darauf hin, dass er über absolute Macht verfügt. Ihm zur Seite stehen zwei ehemalige Offiziere der Armee von Saddam Hussein, einer ist für die irakischen Provinzen, der andere für die Operationen in Syrien zuständig.[152] Der erste, Abu Muslim al-Turkmani, ist ein ehemaliger General des militärischen Geheimdienstes, der sich dem sunnitischen Aufstand gegen die Amerikaner angeschlossen hat. Ihm unterstehen die Gouverneure von sieben irakischen Provinzen, die in islamische *wilaya* umgewandelt wurden.[153] Der zweite ist der aus Mosul stammende Abu Ali al-Anbari, der den Kampf gegen das Regime von Bassar al-Assad führt. Dazu gesellt sich ein Kabinett von sieben Beratern, sozusagen die Exekutive, von denen jeder seinen eigenen Zuständigkeitsbereich hat, von der Sicherheit über die Gefangenen bis hin zur Aufnahme arabischer und ausländischer Kämpfer. Mindestens drei von ihnen sind ehemalige Offiziere oder Kämpfer der syrischen Rebellion, von denen zwei besonders hervorzuheben sind. Der erste ist Abu Salah, ein ehemaliger General der Armee Saddam Husseins, dessen eigentlicher Name Muafaq Mohammed al-Karmoush lautet und der für die Finanzen der irakischen Provinzen zuständig ist. Der zweite ist Abu Omar al-Schischani, ein ehemaliger georgischer Offizier, der sich dem Dschihad in Syrien angeschlossen hat und aller Wahrscheinlichkeit nach als Befehlshaber der IS-Truppen an die Stelle von Abu Abdulrahman al-Bilawi getreten ist, der im Juni 2014 in Mosul getötet wurde.

Dieser harte Kern erfahrener Anführer, der sich aus Berufsoffizieren und erprobten Dschihad-Kämpfern zusammensetzt und zu dem wahrscheinlich noch weitere Personen gehören, bildet die Schura *(madschlis as-schura)*, die politische, religiöse und militärische Ratsversammlung des IS. Dieser „Regierung" sind zwei Abteilungen zugeordnet, eine, die für die Taktik, also Entführungen und Anschläge, zuständig ist, eine andere für die Medien, die Informationen und Videos verbreitet und mit Organisationen wie Al-Furqan in Verbindung steht. Beide bestehen aus mehreren Zellen. Die IS-Führung gibt ihre operationellen Anweisungen an die *Islamische Armee im Irak*, die sich aus mehreren Brigaden (Aufklärung, Infanterie, Raketen) zusammensetzt, scheut aber nicht davor zurück, für Entführungen gelegentlich auch andere Islamistengruppen als „Subunternehmer" anzuheuern, darunter auch rein kriminelle Banden. Hinzu kommt ein Religionstribunal, das Fatwas, Rechtsgutachten, die für Muslime bindend sind, aussprechen kann.

Aber diese zentralistische Struktur, die die großen Orientierungslinien festlegt und die Feldzüge plant, muss sich nicht nur mit den Führern der verbündeten Stämme arrangieren, sondern auch mit den Autonomiebestrebungen der Katibas, der Kampfbrigaden, und ihren miteinander rivalisierenden Anführern fertigwerden. Die Front ist dezentral organisiert, jedes Bataillon handelt auf eigene Faust und schlägt zu, wo immer es glaubt, einen Vorteil zu erringen, ohne sich immer mit anderen abzusprechen. Das ermöglicht ihnen andererseits schnelles Reagieren. Eine Tendenz zur Zersplitterung ist übrigens schon in der Geschichte des Abbasiden-Kalifats angelegt. Um ihre Aufgabe zu erfüllen, „das Gute zu befehlen und das Schlechte zu verbieten", delegierten die Kalifen ihre Macht und übten ihre Autorität nur symbolisch aus. Ein Kalif war nicht in erster Linie der Anführer der Streitkräfte, er übertrug vielmehr seine *baraka*, seine Segenskraft, auf sie, indem er wie Mohammed sein Banner an die Lanze des Heerführers band. Indem er seine Macht delegierte, tat er es dem Propheten gleich. Sollte sich die militärische Situation stabilisieren, wird es al-Baghdadi sicher genauso tun, sich aus der Öffentlichkeit zurückziehen und zu einer unantastbaren, entrückten und damit allmächtigen Figur werden.

Im Gegensatz zur „veralteten" Organisation al-Qaida, die hierarchisch gegliedert ist, im Geheimen operiert, sich autoritär gebärdet und als transnational versteht, sieht sich der IS als modern, offen, urban, in der Bevölkerung verwurzelt. Geht es nach al-Qaida-Chef az-Zawahiri, dann sollen die Mitglieder in ihren Heimatländern bleiben und dort einen Ableger der Terrororganisation aufbauen, der die Gesellschaft destabilisiert und die Muslime unfehlbar radikalisiert. Der IS will hingegen die Auswanderung in ein neues gelobtes Land fördern. Nach einer Probezeit überträgt man den jungen Rekruten auch Verantwortung und bietet ihnen die Möglichkeit zum Aufstieg. Selbstmordattentate sind nur eine Möglichkeit unter anderen, bei al-Qaida sind sie die Norm. Viele Dschihadisten sehen in al-Qaida ein respektables, ruhmreiches Vorbild, das allerdings schon in die Jahre gekommen, wenn nicht überholt ist.[154]

Erdöl und Finanzierung

Der Islamische Staat kann ohne Nachschub an Rekruten und ohne den regelmäßigen Zufluss großer Summen keinen Bestand haben. Vor den jüngsten Erfolgen kamen diese Mittel von privaten Geldgebern vor Ort oder aus dem Ausland – alle Welt zeigt mit dem Finger auf Katar[155] –, aus Lösegeld, Plünderungen, Straßensperren und Zwangsabgaben.[156] In Syrien und im Irak hat der Islamische Staat an die dreißig Personen aus Ländern des Westens als Geiseln genommen, Journalisten, Mitarbeiter von Hilfsorganisationen, einen italienischen Priester. Während die USA Verhandlungen strikt ablehnten, ließ sich die französische Regierung auf das Spiel mit dem Lösegeld ein. In Rakka, wo man die Geiseln festhielt, war ein irakischer Geistlicher für die Gefangenen verantwortlich, unterstützt wurde er von drei britischen Staatsbürgern, die ursprünglich aus dem Irak oder vom Persischen Golf stammten, und die Wächter waren französische Migranten.[157]

Aber die Finanzstrategie des IS kann sich nicht länger mit solchen „Behelfsmaßnahmen" begnügen, wenn er es mit der Staatsgründung ernst meint. Der Diebstahl von Ausrüstungsgütern wird sich ebenso erschöpfen wie die *dschizya*, die die Nichtmuslime zahlen müssen, die aber inzwischen in Massen geflohen sind.[158] „Jedem, der als Apostat oder Ungläubiger betrachtet wird, kann sein gesamtes Besitztum genommen werden."[159] Aber solche Quellen sprudeln nicht ewig.

Seit dem Sommer 2014 konnte die Kriegskasse des IS offenbar von 800 Millionen Dollar auf zwei Milliarden Dollar aufgestockt werden. Eine Milliarde stammte aus Einnahmen, die in Syrien und im Irak gefördertes Öl eingebracht haben, 430 Millionen aus der Plünderung der Banken von Mosul und der Kassen des Provinzrats,[160] 100 Millionen aus Falschgeld und wertlos gewordenen Geldscheinen, 40 Millionen aus dem Handel mit Antiquitäten und Kunstwerken, die aus den irakischen Museen gestohlen wurden. Wie viel mit Sklaven verdient wird, weiß niemand. 700 jesidische Frauen sind für 150 Dollar pro Kopf verkauft worden.[161] Das Kalifat ist die reichste Terrororganisation der Welt. Wenn der IS mit dem geraubten und gespendeten Geld gut wirtschaftet, könnte er seinen Eroberungszug noch eine Weile fortsetzen. Aber eine Schatztruhe wie die Tresore der Banken von Mosul wird sich ihm so schnell nicht mehr öffnen. Der IS wird auf Dauer dafür sorgen müssen, seine Selbstfinanzierung zu verbessern.

Mit der Eroberung einer territorialen Basis kann der IS in Zukunft auf Steuern und öffentliche Einnahmen zählen, auf Gebühren, Zolleinnahmen an den Grenzen zur Türkei und auf eine – allerdings nicht unbedingt verlässliche – Bevölkerung, zumal die Stämme sich jederzeit gegen ihre neuen Herren wenden können. Der Stamm der Schammar hat sich für die Finanzierung des IS eingesetzt, vor allem, indem er seine Blutsbande mit den Schammar von Saudi-Arabien aktiviert hat.[162] Aber der Unmut wächst, einige Shaikhs wollen einen Anteil an der Beute und fragen sich, was mit dem Geld geschieht. Angeblich sollen Gelder nach Syrien verschoben worden sein.[163] Auch das Territorium hat Da'ish noch lange nicht vollständig unter Kontrolle, in mehreren Städten (Rakka, Deir ez-Zor) muss man sich in Zweckbündnissen die Macht mit anderen Dschihadisten-Gruppierungen teilen. Außerdem hat die Regierung von Bagdad in einigen Ortschaften, die mitten im Gebiet des IS liegen, immer noch das Sagen (Haditha, Ramadi), während andere Städte, die dem Kalifat in die Hände gefallen sind, weitab von den IS-Stellungen liegen und von schiitischen Milizen und den Regierungstruppen eingeschlossen wurden, beispielsweise Chanaqin. Es steht noch ein langer Kampf bevor, und es müssen sich noch weitere Stämme dem IS anschließen, wenn aus diesem Flickenteppich ein einheitliches Gebiet mit einer funktionierenden Infrastruktur entstehen soll. Unterdessen besteht das Risiko, dass die Luftangriffe die Verbindungen beeinträchtigen und damit den Zusammenhalt noch weiter gefährden.

Der Islamische Staat kann vor allem auf die reichlich sprudelnden Ölquellen hoffen, die 3 Millionen Dollar pro Tag einbringen.[164] Die Besetzung der Ölfelder im Westen von Mosul (Nadjmah, Qayara), von Tikrit und Falludscha erlaubt einen sehr einträglichen Schmuggel mit Öl, besonders nach Jordanien und in die Türkei.[165] Der Rückgang an legal verkauftem Benzin auf dem türkischen Markt bestätigt dies.[166] Die Erdölfrage ist einer der wichtigsten Faktoren dieses Konflikts, weshalb die amerikanischen Luftangriffe im September 2014 auch zuerst die Ölfelder in Nordirak und bei Deir ez-Zor ins Visier nahmen.[167] Schon nach wenigen Tagen stellte der IS die dortige Förderung ein. Bislang haben weder China noch die Türkei etwas unternommen, um den Schwarzmarkthandel zu unterbinden. Alle Ölkonzerne im Irak sind daran interessiert, dass das geförderte Öl in den Handel kommt, auch wenn sie sich dafür mit dem IS arrangieren müssen. Das irakische Kurdistan, das dem Kalifat in offener Feindschaft gegenübersteht, profitiert ebenfalls vom Schwarzhandel, da das Öl über sein Gebiet geleitet wird und nicht über die große Pipeline zwischen Bagdad und Ceyhan.

Aber die Ölquellen des IS werden wegen des heftigen internationalen Widerstands nur schwer auszubeuten sein. Selbst wenn die mächtigen Ölkonzerne oder Saudi-Arabien versuchen, im Stillen daraus Profit zu schlagen, der Schwarzhandel geschieht nicht unbemerkt und kann auch unterbunden werden. Die Kämpfe und das gewaltsame Vorgehen von Da'ish haben die gesamte Logistik der Ölförderung und des Öltransports unterbrochen: Das Personal an den Bohrtürmen und in den Raffinerien ist reduziert oder ganz abgereist, vor allem die Ingenieure; der Transport des Rohöls in Richtung Türkei erfolgt mit Tanklastwagen und nicht mehr über Pipelines, und eine Wagenkolonne lässt sich leicht stoppen. Schließlich befindet sich der Großteil der irakischen Lagerstätten im Süden in der Nähe von Basra, in Kurdistan rund um Kirkuk sowie im Osten in der Provinz Maisan, also völlig außerhalb der Reichweite des Kalifats. 80 Prozent der Erdölexporte erfolgen über den Hafen von Basra, während es im sunnitischen Teil erheblich an Lagerkapazitäten fehlt. Der Krieg um das Erdöl ist für den IS keineswegs gewonnen.

Der Islamische Staat ordnet den Nahen Osten neu

Eine wachsende Bedrohung

Genaugenommen ist der Islamische Staat bereits über das Stadium hinaus, bloß eine Bedrohung für den Nahen Osten darzustellen, denn er hat seine Landkarte bereits neu gezeichnet. Die „Balkanisierung" der Region ist in vollem Gange. Der IS ist zu einem internationalen Akteur geworden, mit Auswirkungen für den gesamten muslimischen Kulturkreis.

Am 27. Juni 2014 musste die Freie Syrische Armee (FSA) nach Korruptionsvorwürfen ihren obersten Militärrat auflösen. Der amerikanische Kongress hatte kurz vorher ein Finanzierungspaket von 500 Millionen Dollar für die gemäßigte syrische Opposition verabschiedet; inoffiziell wird als Grund genannt, dass die FSA nicht in der Lage war, gleichzeitig das Assad-Regime und den IS zu bekämpfen. Offenbar hatten auch einige Offiziere die Fronten gewechselt und sich in den Dienst des IS gestellt.[168] Damit war das Scheitern der laizistischen Oppositionsbewegung gegen Baschar al-Assad besiegelt. Seitdem hat die Rebellion nur noch ein dschihadistisches Gesicht.

Ab dem Spätsommer wurden die ersten Anzeichen erkennbar, dass die Idee des Kalifats auf die Region überzugreifen beginnt: Am 11. September kam es im Grenzgebiet Ersal zu einem Zusammenstoß zwischen libanesischen Truppen und Kämpfern, die sich auf den IS und die Nusra-Front beriefen.[169] Die Verschleppung von 24 libanesischen Soldaten und Polizisten und die Enthauptung einer der Geiseln löste eine Welle der Empörung im Libanon aus.[170] Die schiitische Hisbollah kündigte umgehend den Kampf gegen den IS an.[171] In Tripolis, der zweitgrößten Stadt des Landes, fanden Ende Oktober Gefechte zwischen Kämpfern der Nusra-Front und der libanesischen Armee statt, im Zuge derer sich einige Soldaten öffentlich den Dschihadisten anschlossen. Annähernd 1,5 Millionen Menschen sind im Verlauf der syrischen Krise in den Libanon geflohen und mit ihnen auch IS-Kämpfer, die sich in der Bekaa-Ebene eingenistet haben und libanesische Armeeeinheiten angreifen. Für den internationalen Dschihadismus wäre ein neuerlicher Zusammenbruch des Libanon ein Glücksfall, der ihm neue Kämpfer zuführte, und ein Beweis dafür, dass das Zusammenleben unterschiedlicher Völker im Nahen Osten unmöglich ist. Zuletzt sind auch in Saudi-Arabien, Jemen und Jordanien Grüppchen in Erscheinung getreten, die sich als IS-Anhänger bezeichnen.[172]

Die nächsten militärischen Ziele des IS, vorausgesetzt er kann seine Stellungen in Syrien und im Irak nach dem Vormarsch weiter festigen, werden mit großer Sicherheit Saudi-Arabien und Jordanien sein, dessen kleine Armee trotz der militärischen Ausbildung durch Frankreich und die USA

Veränderung der geopolitischen Lage durch den Islamischen Staat

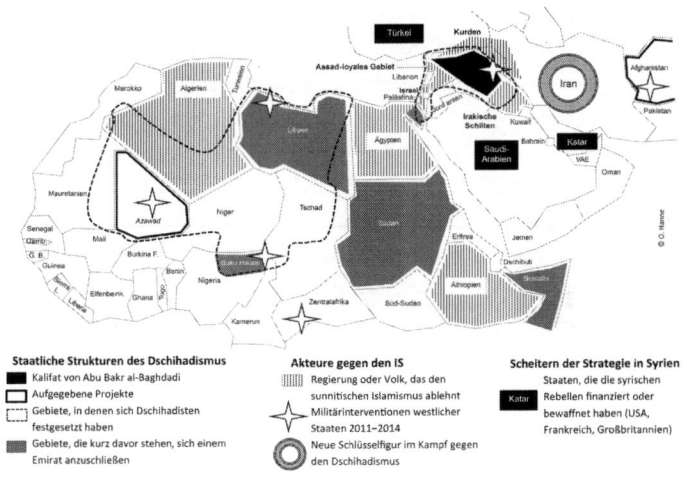

Staatliche Strukturen des Dschihadismus
- ■ Kalifat von Abu Bakr al-Baghdadi
- ▢ Aufgegebene Projekte
- ⬚ Gebiete, in denen sich Dschihadisten festgesetzt haben
- ▨ Gebiete, die kurz davor stehen, sich einem Emirat anzuschließen

Akteure gegen den IS
- ▥ Regierung oder Volk, das den sunnitischen Islamismus ablehnt
- ✦ Militärinterventionen westlicher Staaten 2011–2014
- ◎ Neue Schlüsselfigur im Kampf gegen den Dschihadismus

Scheitern der Strategie in Syrien
- Staaten, die die syrischen
- ▮ Katar Rebellen finanziert oder bewaffnet haben (USA, Frankreich, Großbritannien)

einen schweren Stand gegen den IS haben wird. Gegen die Türkei und den Iran hingegen kann der IS kaum auf Erfolge hoffen, beide Länder sind bis an die Zähne bewaffnet. Viel wahrscheinlicher ist, dass die Ausdehnung über die Bildung von Emiraten erfolgt. Libyen ist vom IS-Modell sicherlich am meisten bedroht und dürfte sich ihm schon bald unterordnen. Am 26. Juni wurde das Islamische Kalifat von der offiziellen Al-Qaida-Zelle im Maghreb durch ihren Shaikh al-Asami anerkannt, am 16. September folgte die Extremistengruppe *Abu Sayyaf* auf den Philippinen ihrem Beispiel. Zwei Tage zuvor hatte eine Zelle von *Al-Qaida im Islamischen Maghreb* (AQIM) sich von der Mutterorganisation getrennt und in Algerien einen IS-Ableger namens *Jund al-Khalifa* („Die Soldaten des Kalifats") gegründet.[173] Kurz darauf bekannten sie sich zur Enthauptung eines französischen Fremdenführers in der Kabylei, was in der französischen Hauptstadt eine Welle der Bestürzung ohnegleichen auslöste. In einer offiziellen Mitteilung ließen sie verlautbaren: „O Kalif, wir sind Deine Armee in Algerien".[174] Am 21. September tat es ihnen die tunesische Brigade *Okba Ibn Nafaa* gleich.[175] In Nigeria schwor der Boko-Haram-Anführer Abubakar Shekau am 13. Juli al-Baghdadi die Treue, bevor er sich am 24. August selbst zum Kalifen ernannte: „Wir gehören zum Islamischen Kalifat. Mit Nigeria haben wir nichts zu schaffen."[176] Dieser Titel ist völlig sinnentleert, da der Platz schon besetzt ist und Shekau nicht von sich behaupten kann, aus Mekka zu stammen. Dennoch macht dieser Nachahmungseffekt, so absurd er sein mag, das ganze Ausmaß der Ansteckung durch die dschihadistische Ideologie deutlich.

Quellen des algerischen Sicherheitsdienstes zufolge gibt es „Dutzende Zellen, die den Transfer von Waffen und Dschihadisten von Libyen nach Syrien oder Irak organisieren, sowie militärische und paramilitärische Gruppen, die dem Islamischen Staat ihre Gefolgschaft erklärt haben".[177] Der libysche Zweig der Islamistenmiliz *Ansar al-Scharia* (mit Trainingslagern im Osten des Landes) steht im Verdacht, junge Tunesier, Algerier und Marokkaner rekrutiert und ausgebildet zu haben, um sie als Kämpfer für die Nusra-Front oder den IS in Syrien einzusetzen. Anders als der tunesische Zweig unter Führung von Seifallah Ben Hassine hat die libysche Gruppe das Kalifat noch nicht offiziell anerkannt.[178]

Unter logistischen Gesichtspunkten dürfte es allerdings sehr schwierig werden, all diese voneinander isolierten Zellen zusammenzuhalten, zumal Algerien und Ägypten unter General as-Sisis Führung der Terrorismusbekämpfung oberste Priorität einräumen und damit erfolgreich sind, wenn ihr Vorgehen auch von Brutalität gekennzeichnet ist. Die

Dschihadisten mit engmaschigen Sicherheitskontrollen daran zu hindern, aus dem Maghreb und Libyen nach Irak und Syrien zu gelangen, könnte den unangenehmen Nebeneffekt haben, dass Hunderte dieser zu allem bereite Kämpfer Europa infiltrieren.[179]

Widerstreitende islamistische Strömungen

Die kühne Wiederherstellung des Kalifats wird längst nicht von allen Islamisten begrüßt, erst recht nicht vom „Mutterhaus" al-Qaida. Dafür gibt es religiöse, strategische, finanzielle und nicht zuletzt auch Prestigegründe. Die gegensätzlichen Bestrebungen und grundverschiedenen Persönlichkeiten von al-Baghdadi und Osama bin Ladens Nachfolger az-Zawahiri haben den Graben zwischen den beiden Bewegungen weiter vertieft. Ihre Anführer gehören unterschiedlichen Generationen an: Der eine ist ein „Dschihadist 2.0" und hat vor allem die amerikanische Besatzung erlebt, der andere ein *Mudschahid* oder Dschihad-Soldat der alten Schule aus der Zeit des Anschlags auf das World Trade Center, der sich jahrelang in den afghanischen Bergen versteckt hielt. Überdies gehören die Kader von al-Qaida meistens der Oberschicht ihrer Heimatländer an, während im IS ein Aufstieg innerhalb der Hierarchie schneller möglich ist und die Basis sich eher aus den unteren Volksschichten rekrutiert.[180]

In strategischer Hinsicht plante schon 2008 Abu Musab az-Zarqawi, der Anführer der IS-Vorgängerorganisation *Einheitsbekenntnis und Heiliger Krieg* (*at-Tauhid wa-l-Jihad*), einen dschihadistischen Staat und setzte sich damit über die Direktiven von al-Qaida hinweg. Weder Osama bin Laden noch az-Zawahiri hatten eine konkrete territoriale Vision für ihre Bewegung; die wenigen Versuche in diese Richtung

Gruppierungen innerhalb des sunnitischen Dschihadismus

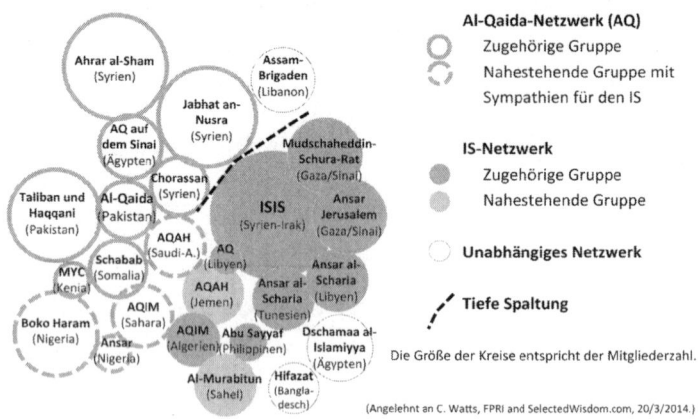

Al-Qaida-Netzwerk (AQ)

○ Zugehörige Gruppe

Nahestehende Gruppe mit
Sympathien für den IS

IS-Netzwerk

● Zugehörige Gruppe

Nahestehende Gruppe

○ Unabhängiges Netzwerk

⟋ Tiefe Spaltung

Die Größe der Kreise entspricht der Mitgliederzahl.

(Angelehnt an C. Watts, FPRI and SelectedWisdom.com, 20/3/2014.)

schlugen fehl.[181] Die regionalen Bestrebungen des IS decken sich nicht mit dem Internationalismus von al-Qaida, das darin auch ein Festhalten an staatliche Strukturen sieht, die eine Teilung der Muslime bewirken. Der Takfirismus von al-Qaida ist viel weniger rigide als der Takfirismus des IS, der pauschal alle Schiiten, aber auch viele Sunniten zu Abtrünnigen erklärt. Der IS-Medienterror steht in keinem Verhältnis zu dem der Al-Qaida-Zellen, deren Videobotschaften zeigen wollen, dass man die Gefangenen gut behandelt.[182] Eine Wiederherstellung des Kalifats wiederum ist für Bin Ladens Bewegung undenkbar, da seit dem Fall von Bagdad im Jahr 1258 die sunnitische politische Theorie ein tiefes Misstrauen gegen die Monarchie und das dynastische System hegt.[183]

So haben sich die beiden dschihadistischen Strömungen nicht nur weit voneinander entfernt, auf der IS-Internetplattform Al-Minbar wurde im August 2014 die Nr. 1 von al-Qaida, az-Zawahiri, sogar mehrfach offen angegriffen. In Indien konkurrieren sie jetzt unerbittlich gegeneinander.[184] In der indisch-pakistanischen Grenzregion, wo 180 Millionen Muslime leben, hat der IS eine Rekrutierungskampagne gestartet. Auch Indien ist ein potenzielles Rekrutierungsgebiet für Kämpfer, doch bisher haben sich nur wenige einer Terrorgruppe angeschlossen. Am 3. September, kurz nach den spektakulären Erfolgen des IS im Irak, kündigte der Anführer von al-Qaida die Gründung einer indischen Zelle an, wohl um in diesem neuen strategisch wichtigen Raum die Oberhand zu gewinnen.

Die Konkurrenz zu al-Qaida hat die Feindseligkeit weiterer Bewegungen gegenüber dem IS verstärkt. Die syrische *Islamische Front*, ein Bündnis islamistischer Oppositionsgruppen, widersetzt sich ISIS seit 2013, im Januar 2014 kam es sogar zu Gefechten. Am 20. Juni 2014 starben bei Zusammenstößen zwischen IS-Kämpfern und Baath-Rebellen der *Armee der Männer des Naqshbandi-Ordens* in Hawidscha (50 km westlich von Kirkuk) mindestens 17 Männer.[185] Die Gefechte, die sich Katiba untereinander liefern, haben manchen IS-Rekruten enttäuscht, wie die Rückkehr von 30 Kämpfern nach Großbritannien im September 2014 gezeigt hat.[186] Die Kämpfe des IS gegen die Nusra-Front in Syrien lähmen die Einheit der Islamisten gegen das Assad-Regime. Die Verärgerung darüber ist im dschihadistischen Milieu inzwischen groß. Im September richtete der im Jemen ansässige saudische Ableger von al-Qaida (*Al-Qaida auf der Arabischen Halbinsel*/AQAH) zusammen mit dem Ableger in Nord- und Westafrika (*Al-Qaida im Islamischen Maghreb*/AQIM) einen Appell an die Kämpfer von IS und an-Nusra, ihre internen Auseinandersetzungen zu beenden: „Hört auf, euch gegenseitig zu bekämpfen, und erhebt euch wie ein Mann gegen die USA und ihr satanisches Bündnis".[187] Die Medien richten ihr besorgtes Augenmerk in erster Linie auf den Islamischen Staat, dabei ist die Nusra-Front gut ausgerüstet, in ihren Stellungen in Nord- und Ostsyrien fest verwurzelt und genauso gefährlich. Die USA haben nicht ohne Grund in Syrien die Stellungen beider Organisationen bombardiert. Ein unerwünschter Nebeneffekt der Luftschläge ist allerdings, dass an-Nusra inzwischen Bereitschaft gezeigt hat, sich in diesem „Krieg gegen den Islam"[188] dem IS anzuschließen.

Hinter all dieser Uneinigkeit verbergen sich nicht nur persönliche Divergenzen, sondern vor allem uralte Differenzen innerhalb des – kriegerischen wie nichtkriegerischen – sunnitischen Islamismus. Alle militanten Anhänger sind Erben der *Salafiyya* bzw. des Salafismus, einer Reformbewegung, die Ende des 19. Jahrhunderts in Ägypten aufkam und eine Erneuerung des Islam durch die Hinwendung zur Tradition anstrebte, welche die „rechtschaffenen Altvorderen" (*al-salaf al-salih*) repräsentieren. Um dem Zustand der Unterwerfung der muslimischen Gesellschaften zu begegnen, predigt der heutige Salafismus die Rückkehr zum reinen Glauben, die absolute Einheit Gottes und eine gewissenhafte Religionsausübung. Dafür muss der Islam von mystischen und medizinisch-magischen Praktiken (Sufismus und Marabutismus) gereinigt werden,[189] was Da'ish im Übrigen mit der Zerstörung der Mausoleen wörtlich befolgt. In den 1880er Jahren brandmarkten die Salafisten den „sunnitischen Klerus", weil er von der französischen Kolonialmacht unterstützt wurde, und heute prangern salafistische Gruppierungen das angeblich abgekartete Spiel zwischen dem französischen Staat und den Imamen des islamischen Dachverbands *Conseil français du culte musulman* (CFCM) an.

Doch der reine Salafismus stellt nicht alle Gläubigen zufrieden. Vielen ist er zu streng und lebensfern. Er ist eine

Form von Passivität, der Ergebenheit in Gottes Willen, der Priorisierung religiöser Erziehung und Frömmigkeit. So entstand im Rahmen des Salafismus auch eine politische Bewegung, die in der 1928 von Hassan al-Banna in Ägypten gegründeten *Muslimbruderschaft* erstmals konkrete Gestalt annahm. Al-Banna zufolge ist der Islam eine von Gott offenbarte, unerreichbare ideale Ordnung, deren Bestimmung es ist, alle Bereiche des gemeinschaftlichen Lebens zu gestalten. Als Anhänger eines islamischen Egalitarismus leisteten die Muslimbrüder Entwicklungshilfe, alphabetisierten die Massen, unterrichteten Mädchen und bauten Krankenstationen. In politischer Hinsicht vertraute al-Banna der Intelligenz der Massen und befürwortete Wahlen. Sein Ziel war es, einen islamischen Staat auf der Grundlage der Scharia zu errichten: „Der Koran ist unsere Verfassung." Doch al-Banna wurde 1949 ermordet, seitdem werden die Muslimbrüder verfolgt. Im Unterschied zum ursprünglichen Salafismus lehnt die Muslimbruderschaft weder den Sufismus noch die Demokratie (sofern sie der Religion dient) noch das Ideal des Kalifats ab.[190]

Der dschihadistische Salafismus schließlich begreift sich als revolutionär und daher gnadenlos. Da satanische Kräfte – der Westen bzw. die *kuffar* (Ungläubigen) – verhindern, dass sich der islamische Traum erfüllt, wird der Dschihad zur Notwendigkeit. Die drei Richtungen des Salafismus schöpfen also aus einer gemeinsamen „dogmatischen Matrix", setzen sie jedoch auf unterschiedliche Weise um.[191] Die divergierenden Ansätze erklären, warum die Islamisten nicht nur unterschiedliche, sondern auch veränderliche Standpunkte gegenüber dem Islamischen Staat einnehmen. Die quietistischen Salafisten schätzen seine rigoristische Dimension, aber nicht seine politischen Ziele. Die politischen Salafisten erkennen sich im Kalifat wieder, nicht aber in dessen Exzessen. Die dschihadistischen Salafisten wiederum schauen streng auf all diejenigen herab, die sich nicht am bewaffneten Kampf beteiligen. Ein Video im Internet von einem amerikanischen Luftangriff oder von einer Enthauptung genügt, um jemanden von einem Salafismus zum anderen überwechseln zu lassen.

Saudi-Arabien: Vom Islamischen Staat enttäuscht?

Als Reaktion auf die 2003 einsetzende – und von Russland und sogar China stillschweigend akzeptierte – Annäherung zwischen Iran, Irak unter al-Maliki und Syrien unter al-Assad setzte Saudi-Arabien auf die Karte des politischen Salafismus in Syrien und im Irak. Unterstützt wurde Saudi-Arabien in diesem Konflikt durch die Türkei, Israel und die Golfstaaten, mit anderen Worten durch den Block der mit den USA Verbündeten. Assad-nahe Informationsdienste wie der iranische IRIB oder die Pressestellen der Hisbollah behaupteten, der Islamische Staat sei ein Machwerk der Saudis in Absprache mit den Amerikanern zwecks Sicherung eigener Erdölinteressen und Zerschlagung der antiwestlichen Front (Syrien, Iran, Hamas, Hisbollah). Kann es sein, dass der saudische Islamismus den IS-Islamismus erst genährt hat, bevor er sich gegen ihn wandte?

Saudi-Arabien sieht sich durch „den größten Feind des Islam"[192] bedroht, weil der IS einen besonderen Hass gegen den amerikanischen Imperialismus und die Dynastie der Saud hegt, die er als korrupt betrachtet.[193] Wenn der IS weiterbestehen sollte, wird er sich weder in Richtung der schiitischen noch der türkischen Territorien ausdehnen können, dafür ist die militärische Schlagkraft der Iraner und der Türken zu groß. Doch der Norden von Saudi-Arabien könnte ein potenzielles Eroberungsgebiet darstellen.[194] Deshalb wurden 30.000 Soldaten in dieser Region zusammengezogen und eine 900 Kilometer lange Schutzmauer entlang der Grenze zum Irak errichtet, die erst kürzlich fertig gestellt wurde.

Doch die Anti-IS-Haltung in Riad ist längst nicht so gefestigt, wie es scheint. Der saudische Einsatz an der Seite der USA dient vor allem dazu, „sich von dem Verdacht reinzuwaschen, das Land würde die Netzwerke von al-Qaida unterstützen, wofür es immer mehr Beweise gibt".[195] Die Versprechungen von Riad im Rahmen der internationalen Koalition gegen den Islamischen Staat, die am 11. September 2014 von Präsident Obama verkündet wurde, beschränken sich auf die Bereiche humanitäre Hilfe und logistische Unterstützung: Das saudische Königreich will Gelder für Flüchtlinge bereitstellen sowie Luft- und Marinestützpunkte zur Verfügung stellen, aber keine Soldaten und auch keine militärische Ausrüstung.[196] Die saudische Bevölkerung ihrerseits ist dem IS gegenüber nicht feindlich gesinnt.[197]

Fakt ist, dass Saudi-Arabien derzeit von den chaotischen Zuständen im irakischen Ölfördersektor profitiert und sich im Fall von Preiserhöhungen neue Absatzmärkte verspricht. Eine schnelle Beilegung der Krise in Syrien/Irak droht die Konkurrenz auf dem Ölmarkt wieder anzuheizen. Die einzige dauerhafte Bedrohung für die saudische Monarchie ist nicht so sehr der Islamische Staat – sie kann im Verteidigungsfall auf die Unterstützung der USA zählen –, sondern der schiitische Erzfeind Iran. Riad fühlt sich von diesem Land mit seinen 80 Millionen Einwohnern, seiner Milizarmee und seiner Präsenz im Persischen Golf beständig bedroht. Saudi-Arabien unterstützte Saddam Hussein im Iran-Irak-Krieg 1980–1988 allein aus dem Grund, um Iran zu schaden. Es subventionierte großzügig den dschihadistischen Salafismus in Syrien gegen

Assad, weil er ein Verbündeter Irans ist.[198] Übrigens kam nach dem internationalen Treffen in Dschidda am 11. September 2014 aus Riad der Vorschlag, Soldaten der syrischen Opposition, die gegen den IS und Präsident Assad kämpfen wollen, auf saudischem Boden auszubilden. Dieser Vorschlag macht die zwiespältige Haltung der saudischen Führung deutlich, die aus der internationalen Anti-Baghdadi-Koalition auch eine Anti-Assad-Koalition machen möchte.

Andererseits sind die Saudis auch Pragmatiker. Sollte die Bedrohung durch den IS zu stark anwachsen, werden sie ohne zu zögern in den Kampf ziehen. Allerdings werden sie in Anbetracht ihrer viel zu kleinen Streitmacht die USA mit den Militäroperationen betrauen und selbst wie bisher „Schachbrettdiplomatie" betreiben. Über die wirtschaftlichen und diplomatischen Implikationen hinaus muss die saudische Position jedoch auch unter doktrinären Gesichtspunkten gesehen werden.

Im 18. Jahrhundert errichtete Muhammad Ibn Abd al-Wahhab (gest. 1792) in der Wüstenregion Nedjd einen Miniaturstaat, der sich dem Wahhabismus verschrieb. Diese einer buchstabengetreuen Auslegung des Korans verpflichtete Lehre verficht das Konzept des *tauhid*, der Einheit Gottes. Das geht mit der aktiven Bekämpfung der Spuren von *shirk* einher, das heißt allen neueren religiösen und gesellschaftlichen Praktiken, die keine Wurzeln in der Zeit des Propheten Mohammed haben.[199] Das einzig gültige politische Modell liefert das Mekka des 7. Jahrhunderts. Alle nach dieser Periode entstandenen Schriften sind *bid'a*, unerlaubte religiöse Neuerungen. Zur Bekämpfung von *shirk* müssen die Muslime wieder aufgerichtet und die Laster überwunden werden, wenn nötig auch mit Gewalt, was wiederum einen säkularen Arm und also eine Monarchie erfordert. 1902 gründete Ibn Saud einen eigenen wahhabitischen Staat, den er sukzessive ausdehnte. 1925 gelang ihm die Eroberung des von Emir Hussein Ibn Ali regierten Hedschas mit Mekka und Medina. Nachdem er so die heiligen Stätten unter seine Kontrolle gebracht hatte, führte er den wahhabitischen Reformislam auf der Arabischen Halbinsel ein. Gleichzeitig profitierte er von der Ausbeutung der Ölvorkommen, mit der er amerikanische Ölkonzerne betraute. Mit den gigantischen Summen, die das Erdöl abwarf, konnte die weit verzweigte Familie von Ibn Saud (man zählt mehr als tausend saudische Prinzen) den Islamismus auf der ganzen Welt unterstützen. Die saudische Kleiderordnung hat sich im gesamten islamischen Kulturkreis ausgebreitet (Männer mit dichtem, gestutzten Bart in weißen Gewändern, Frauen im schwarzen Niqab usw.).

Aber das wahhabitische Modell wird längst nicht überall als Norm akzeptiert. Da es ein sunnitisches Konzept ist, wird es selbstredend von den Schiiten, aber auch von vielen Salafisten abgelehnt. Während der Wahhabismus untrennbar mit der Monarchie als einem zutiefst antidemokratischen System verbunden ist, teilen alle salafistischen Richtungen – und damit auch alle IS-Anhänger – die Idee von der Gleichheit unter den Muslimen und (bis zu einem gewissen Grad) von der Gewaltenteilung. Hinzu kommt, dass das saudische Königreich seit seinem Bestehen eine Allianz mit den USA eingegangen ist. Dieser politische Pragmatismus wird als Verrat angesehen.

Das Wesen des Wahhabismus und die Weichenstellungen der Monarchie sind der Grund für die Antagonismen zwischen Saudi-Arabien und dem Islamischen Staat. Es sind zwei radikal verschiedene Konzepte des Staatsislamismus. Solange Da'ish nur ein unbedeutender Ableger des syrischen Salafismus war, der das Assad-Regime bekämpfte, konnte Saudi-Arabien ihn bedenkenlos finanzieren, zumal die UNO und der Westen dem Ölstaat grünes Licht dafür gegeben hatte. Aber jetzt ist al-Baghdadi kein Komparse mehr, außerdem stellt er die religiöse Autorität der Saudis in Frage. Langfristig wird er Mekka und Medina „befreien" wollen.[200]

Katars Spiel mit dem Feuer

Katar wiederum, neben Saudi-Arabien ein weiterer Verbündeter der USA, über den außerdem ein Großteil der Waffenlieferungen an die syrischen Rebellen abgewickelt wurde, steht stark im Verdacht, den Dschihadismus zu unterstützen, was bisher allerdings nicht eindeutig nachgewiesen werden konnte. Anders als die Saudis mit ihrem monarchischen Wahhabismus hängen die Katarer einem Salafismus an, der auf Expansion aus ist und sich gegen jede Form schiitischer Einflussnahme richtet.[201] Es geht um die Herrschaft des Gesetzes Gottes, und dafür sind alle Verbündeten recht. Ab 2011 beteiligte sich Katar an der Hilfe für die Rebellion, um den Sturz des Assad-Regimes wegen seiner zu großen Nähe zum Iran zu beschleunigen. Damit wurde auch sein amerikanischer Verbündeter, der seit dem Kalten Krieg ein äußerst gespanntes Verhältnis zu Syrien unterhielt, weil sich das Land dem Ostblock zugewandt hatte, in den Konflikt hineingezogen. Anfang November 2012 lud Katar die Akteure der syrischen Rebellion zu einem Gipfeltreffen nach Doha ein. Dieses endete am 11. November mit der Unterzeichnung einer Vereinbarung über die Bildung einer Koalition der syrischen Revolutions- und Oppositionskräfte.

Allerdings haben die 2013 einsetzende Schwächung der Freien Syrischen Armee und der starke Zulauf zu den Hardliner-Dschihadisten wie an-Nusra und ISIS in Syrien den westlichen Argwohn gegenüber dem kleinen Öl-Emirat noch verstärkt, das ohnehin unter dem Verdacht steht, den

Salafismus in Europa zu finanzieren. Hochgestellte Katarer, Ulemas, Regierungsmitglieder und Geschäftsleute sollen mit stillschweigender Duldung ihrer Staatsbehörden Geldtransfers getätigt haben.[202] Dabei geht es meistens um Bargeld, wie die Festnahme von Boten, die fast eine Million Dollar in Scheinen bei sich führten, durch jordanische Geheimdienstmitarbeiter gezeigt hat.[203] Ein Teil des Geldes floss offenbar der Nusra-Front und vielleicht auch dem ISIS zu. Der Iran beschuldigt Katar ganz offen, Waffen an die Rebellen geliefert und die Einreise von 1.800 Dschihadisten aus dem Maghreb und Libyen über die Türkei nach Syrien und über den irakischen Teil Kurdistans in den Irak organisiert zu haben. Damit hätte sich Katar einer ganzen Reihe von Vergehen schuldig gemacht.[204]

Angesichts der brutalen Wendung zugunsten des Islamischen Staates hat Katar im Laufe des Jahres 2014 alle Anschuldigungen öffentlich zurückgewiesen und seine Finanzierung der syrischen Opposition neu ausgerichtet.[205] Sollten die katarischen Prinzen islamistische Hilfsorganisationen, die eigentlich militärisch tätig sind, mit Geld unterstützt haben, dann gewiss nicht mehr im staatlichen Auftrag, sondern nur noch privat.[206] Ohnehin ist Da'ish inzwischen nicht mehr auf katarisches Geld angewiesen. Seit dem internationalen Gipfeltreffen in Dschidda im September 2014 hat sich Katar klar auf die Seite der Koalition zur Bekämpfung von al-Baghdadi gestellt[207] – wie die anderen Staaten des Persischen Golfes auch: Bahrain nimmt die 5. US-Flotte auf; Kuwait stellt seine Stützpunkte zur Verfügung; in den Vereinigten Arabischen Emiraten werden französische und amerikanische Truppen stationiert.[208]

Allerdings ist der offizielle Einsatz Katars genauso zwiespältig wie der saudische: Das Emirat will sich auf logistische Hilfe beschränken und stellt den Koalitionstruppen den Luftwaffenstützpunkt Al-Udeid für die Einrichtung ihres Hauptquartiers zur Verfügung. Die Golfstaaten und die Arabische Liga wollen nicht direkt für den Tod sunnitischer Glaubensbrüder im Irak und in Syrien verantwortlich sein – allenfalls als Mitwisser. Überdies beherbergt Katar islamische Organisationen, die unabhängig von der diplomatischen Positionierung des Landes die sogenannte irakische „Volksrevolution" unterstützen.[209]

Türkischer Eiertanz

Wie Saudi-Arabien und Katar fährt auch die Türkei seit 2011 einen Zickzackkurs in ihrer Nahostpolitik. Als die Syrienkrise losging, unterstützte sie zusammen mit der NATO die Rebellion gegen das Assad-Regime und den Kampf der Freien Syrischen Armee (FSA). Das war Teil einer Einfluss-Strategie mit dem Ziel der Rückeroberung der südlichen Randgebiete, die einst zum Osmanischen Reich gehört hatten und 1920 der modernen Türkei verlorengegangen waren. 2012 beschuldigte Präsident al-Assad die Türkei, den syrischen Luftraum zu verletzen. Im Juni wurde ein türkischer Kampfjet vom Typ F-4 Phantom durch die syrische Luftabwehr abgeschossen. Daraufhin schlugen die Regierungen beider Länder einen scharfen Ton an. Ein weiterer Streitpunkt zwischen Ankara und Damaskus ist Sandschak Alexandrette (Hatay), ein schmaler Landstreifen, den Frankreich 1939 der Türkei überließ und dessen türkischsprachige Bevölkerung vormals Syrer waren und Assad-freundlich sind. Nicht zuletzt sorgen die Staudammprojekte der Türkei an Tigris und Euphrat, die seit zwanzig Jahren den Wasserzufluss nach Syrien beeinträchtigen, für große Spannungen rund um das blaue Gold zwischen beiden Regierungen.

Die Ausbildung von FSA-Kämpfern durch türkische Offiziere und die Einrichtung ihres Stützpunktes in Hatay ist auch eine Antwort auf die bedingungslose Unterstützung der syrischen Regierung für die kurdische Unabhängigkeitspartei PKK, die ab 1984 im Südosten der Türkei Terrorakte verübt hat. Obwohl sich die Beziehungen zwischen Ankara und der PKK seit 2012 verbessert haben, steht die Schwächung der kurdischen Sphäre immer noch auf der politischen Agenda, denn hier geht es um die Wahrung der territorialen Integrität.[210] Die kurdische Bevölkerung macht 21 Prozent der Einwohner der Türkei aus, und ihre Forderungen sind noch längst nicht begraben. Die überwiegend im Osten und Süden des Landes lebenden Kurden haben von dem zeitgleichen Zusammenbruch Syriens und Iraks profitiert und an Autonomie hinzugewonnen. Der PKK-nahen syrischen Kurdenpartei Demokratische Union (PYD) gelang ein äußerst geschickter Schachzug, als sie mit Präsident al-Assad die Autonomie von drei kurdischen Enklaven an der türkischen Grenze aushandelte und sich im Gegenzug ab Juli 2012 aus dem Konflikt heraushielt. Seitdem haben sich die Kurden gegen jeden gestellt, der diesen Vorstoß in Frage stellen wollte. Das irakische Kurdistan wiederum konnte seine Autonomie seit der amerikanischen Invasion 2003 sukzessive ausbauen, bis hin zur Ankündigung eines Referendums über seine Unabhängigkeit im Juli 2014. Einen Monat vorher war es unter der Ägide von Masud Barzani, dem Präsidenten der Autonomen Region Kurdistan, zu einem Schulterschluss zwischen syrischen und irakischen Kurden gekommen.[211] Ausgerechnet über all diese Gebiete, die die Kurden hinzugewonnen haben bzw. für sich beanspruchen, hat sich der IS ausgebreitet.

Für Ankara ist die kurdische Autonomiestrategie äußerst gefährlich. Um dieser Bedrohung zu begegnen, setzte die Türkei in Syrien auf die salafistische Karte. Diese Politik kann auf die Zustimmung der türkischen Gesellschaft zählen, denn die AKP, die seit 2003 regiert, gibt sich muslimisch, konservativ und nationalistisch. Recep Tayyip Erdoğan, der heutige Präsident und langjährige Ministerpräsident der Türkei, förderte einen islamischen Rigorismus, dessen äußerlich sichtbarste Zeichen die Aufhebung des Kopftuchverbots an Schulen und Universitäten und die Repressionen gegenüber Christen sind.[212] Eine Unterstützung des internationalen Salafismus liegt durchaus auf dieser Linie.

Seit 2011 dient die Türkei, von etwaigen Direkthilfen für den ISIS und die Dschihadisten in Syrien einmal ganz abgesehen, als logistische Plattform für den gesamten Schmuggel und Transfer von Waffen, Barmitteln und Kämpfern für die Nusra-Front und Da'ish und hat so zu ihrer Stärkung beigetragen.[213] Nahezu alle islamistischen Kämpfer aus Paris, London oder Brüssel sind – unter dem gleichgültigen und zuweilen wohlwollenden Blick der Behörden – über die Türkei eingeschleust worden.[214] Türkische Journalisten berichten von Konvois voller Nachschub, geliefert vom türkischen Staat.[215] Im Mai 2014 wurden 13 Polizisten von der türkischen Justiz belangt, weil sie einen dieser Konvois auf dem Weg nach Syrien abgefangen hatten.[216] 47 Tonnen Material soll Ankara, Schätzungen der UNO zufolge, an die syrischen Rebellen, sprich ISIS, geliefert haben.[217] Allerdings wurde der Grenzübertritt von Syrien Richtung Türkei durchaus überwacht, nur dass Kämpfer, die in der Türkei auftauchten, nach ein paar Wochen Haft in ihre Ursprungsländer abgeschoben wurden.[218] Der Iran geht in seinen Vermutungen sogar so weit zu behaupten, dass die türkische Armee trotz anderslautender offizieller Erklärungen Rebellen, von denen sie wusste, dass es Dschihadisten waren, in türkischen Trainingslagern ausgebildet hat: „Da'ish hat die Türkei wie ein Hotel benutzt".[219]

Die Führung in Ankara hatte großes Interesse, dass die Grenze durchlässig blieb, denn so konnte sie weiter an dem Schmuggel verdienen und zu einer Schwächung des pro-schiitischen Nachbarn Syrien beitragen. Im Irak legten die Erfolge des Islamischen Staates alle kurdischen Offensiven gegen die Türkei auf Eis, da die Peschmerga-Kämpfer mit der Verteidigung der Autonomen Region Kurdistan zu tun hatten. Im Verlauf von 2014 entstanden dank IS entlang der gesamten türkischen Südgrenze Konfliktpunkte, die die Gegner Ankaras in Schach hielten. Dieser unerwartete Vorteil hat nur eine Schattenseite: Niemand weiß, ob ein überlebensfähiger, mächtiger Islamischer Staat sich nicht eines Tages gegen die Türkei wendet.

Die Positionierung der Türkei im September 2014 hat die Verdachtsmomente gegen das Land erhärtet. Trotz des großen Drucks seitens der USA und der NATO, deren Mitglied die Türkei ist, kam aus Ankara die nicht weiter begründete Ankündigung, dass die Türkei sich nicht an den Operationen gegen den Islamischen Staat beteiligen wolle. Der türkische Außenminister Mevlüt Çavuşoğlu hat weder das gemeinsame Kommuniqué im Anschluss an das Treffen von Dschidda am 11. September unterzeichnet noch die Erlaubnis für die Nutzung des Luftwaffenstützpunktes Incirlik durch amerikanische Kampfjets erteilt.[220] Einige Tage später lehnte es die Türkei ab, gegen die IS-Miliz vorzugehen, die Erdöl aus Nordirak durch die Türkei schmuggelt, obwohl sie sich über diesen Verkauf finanziert.[221] Auf die dringende Forderung der internationalen Gemeinschaft, die türkische Armee müsse intervenieren, um Kobane zu retten, machte Erdoğan schließlich Ende Oktober das Zugeständnis an die irakischen Kurden, ein begrenztes Kontingent von Kämpfern über türkischen Boden nach Kobane zu schleusen, gleichzeitig verschärfte er aber auch die Kontrolle der mehrheitlich von Kurden bewohnten Gebiete im eigenen Land. Offiziell gab es zwei gute Gründe, sich nicht offen gegen den IS zu stellen: Das Land konnte nicht noch mehr kurdische Flüchtlinge aufnehmen, zumal die Gefahr bestand, dass sie die kurdischen Forderungen unterstützten. Andererseits befanden sich seit der Einnahme von Mosul 49 türkische Diplomaten in der Gewalt der IS-Miliz.

Präsident Erdoğan traf umgehend Maßnahmen. In Anbetracht der nach dem 19. September stark gestiegenen Zahl der Flüchtlinge und der Belagerung der Stadt Ain al-Arab (Kobane) drang er darauf, Pufferzonen entlang der Grenzen zu Syrien und Irak einzurichten, um die Sicherheit in diesen Gebieten und die Aufnahme der Flüchtlinge zu gewährleisten.[222] Ein solches humanitäres Ziel würde jedoch die türkische Armee ermächtigen, jenseits der Landesgrenze zu intervenieren und ihre Stellungen außer Landes auszubauen. In der Geiselaffäre soll nach Aussage Erdoğans ein türkisches Spezialkommando die Diplomaten am 20. September befreit haben. Diese Information wurde durch keine einzige Quelle bestätigt. Russland und Iran ließen verlauten, die Geiseln seien nach Verhandlungen mit al-Baghdadi freigekommen. Wenn das stimmt, wäre die Türkei das einzige Land auf der Welt, das geheime diplomatische Beziehungen zum IS unterhält.

Der kurdische Standpunkt

In der Gemengelage um den Islamischen Staat ist die Kurdenfrage ein ständiges Thema. Die Kurden, ein Volk ohne Nation und Staat, haben seit 2003 im Irak und seit 2012 in Syrien eine relative Autonomie erlangt. Nicht die Bildung eines transnationalen Staates ist ihr vorrangiges Ziel, vielmehr möchten sie mehr Freiheiten in ihren angestammten Gebieten. Die im Juni 2014 zwischen syrischen und irakischen Kurden getroffenen Vereinbarungen haben die Stammesgegensätze nicht aus der Welt geschafft. Die Regierung von Kurdistan hat sich auf die Nähe zur Türkei eingestellt, der Handelsaustausch und die Erdölgeschäfte spülen Geld in die Kassen der Hauptstadt Erbil. In gewisser Weise übersteigen die türkischen Investitionen in der Region die aus Bagdad, und so hat sich trotz des gegenseitigen Argwohns eine pragmatische Zusammenarbeit zwischen Erbil und Ankara entwickelt, die allerdings die Solidarität mit den Forderungen der PYD ebenso wie mit den Kurden in Syrien und in der Türkei auf eine harte Probe stellt. Eine so massive wirtschaftliche und diplomatische Einmischung der Türkei in einer Region, die zwar Autonomiestatus besitzt, aber immer noch zum Irak gehört, wird Bagdad kaum hinnehmen wollen. Wie der frühere irakische Staatspräsident Dschalal Talabani (2005–2014) ist auch der neue Staatspräsident Fuad Masum (seit 24. Juli 2014) ein Kurde. Allerdings war und ist ihre ethnische Herkunft vor allem für die USA eine Garantie dafür, dass das höchste Staatsamt nicht in die Mühlen der Streitigkeiten zwischen schiitischen und sunnitischen Arabern gerät. Wie dem auch sei, Talabani hielt sich an seine repräsentative Rolle und hütete sich, seinen Ministerpräsidenten oder die alte Baath-Elite, Baschar al-Assad oder die Türken zu kritisieren.[223]

Richtig gefährlich für die Kurden wurden die IS-Dschihadisten erst im Sommer 2014 mit der Erstürmung der Grenzen Kurdistans und der Stadt Ain al-Arab (Kobane). Davor erlebte die Autonome Region unter der Führung von Masud Barzani einen relativen wirtschaftlichen Wohlstand, ohne Bagdad fürchten zu müssen. Im August, im Zuge ihrer militärischen Gegenoffensive gegen den IS, die von amerikanischen Luftschlägen flankiert wurde, retteten die Peschmerga tausende vom Tod bedrohte Jesiden und nahmen christliche Flüchtlinge auf, ja sie drangen sogar bis nach Kirkuk vor, einer Stadt mit mehrheitlich kurdischer Bevölkerung und reich an Erdölquellen, und nahmen sie ein. Das Problem: Kirkuk liegt außerhalb der Autonomen Region Kurdistan, wurde aber seit Jahren erfolglos beansprucht. Erst das Erscheinen des IS brachte für die Kurden die Möglichkeit, sich eine Stadt einzuverleiben, die sie andernfalls nie bekommen hätten.[224] Mit den Einnahmen aus dem Öl der Region wäre die finanzielle Unabhängigkeit Kurdistans gesichert.[225] In den Köpfen der politischen Entscheidungsträger Kurdistans hat sich diese Aussicht schon zur Gewissheit verfestigt.[226] Selbst wenn der IS schon morgen besiegt würde, der Irak würde in jedem Fall ein föderalistischer Staat werden.[227] Doch die Gewalttaten gegen Sunniten, ihr opportunistisches Bündnis mit der IS-Terrormiliz, die kurdischen Interessen, all das lässt die nationale Einheit des Landes als eine Utopie erscheinen. Die Rolle der Kurden als Hilfstruppen der von Obama initiierten Anti-IS-Koalition sichert ihnen neue Geldquellen, die kostenlose Versorgung mit Waffen und eine internationale Unterstützung von großem Gewicht, wie der Besuch des französischen Außenministers Laurent Fabius am 10. August in Erbil gezeigt hat.[228]

Diese unverhoffte Hilfe kann aber auch den Keim zur Bildung einer kurdischen Front legen, die so noch nicht existiert. Die Autonome Region Kurdistan könnte versucht sein, ihre opportunistische Beziehung zur Türkei zu lösen und vielleicht sogar die PKK direkt zu unterstützen. Die Aktionsfähigkeit der Region und der Peschmerga sollte allerdings nicht überschätzt werden, denn die kurdischen Kämpfer dürften in allzu großer Entfernung von ihren Stützpunkten und Siedlungsgebieten kaum handlungsfähig sein. Ihre überraschende

Effizienz beim Zurückdrängen des IS, insbesondere die symbolisch wichtige Rückeroberung des Mosul-Staudamms am 16. August, verdankt sich in erster Linie den amerikanischen Luftangriffen, bei denen Kommandozentralen der Dschihadisten zerstört wurden.²²⁹ Ganz gewiss werden die Peschmerga nicht die Akteure der Befreiung jener Gebiete sein, die in den Schoß des Islamischen Staates gefallen sind. Und wie schwierig es für die Kurden in Syrien war, trotz massiver amerikanischer Luftunterstützung Kobane zu befreien, hat eher ein beunruhigendes Licht darauf geworfen, wie es um ihre militärischen Fähigkeiten steht.

Eine wankelmütige irakische Opposition

Im Irak stößt der IS auf den vielseitigen Widerstand des irakischen Staates, der Autonomen Region Kurdistan, der von ihm bedrohten ethnisch-religiösen Gemeinschaften (Schiiten, Christen, Jesiden). Allerdings haben alle seine Gegner mit internen Zerwürfnissen und ihrer eigenen Schwäche zu kämpfen. Allein die Gemeinschaft der Christen, deren Aderlass 1991 einsetzte, hat sich in über dreißig Jahren fast halbiert und ist von einer Million Menschen auf 600.000 geschrumpft. Trotz der dramatischen Lage und der Tatsache, dass Christen die bevorzugte Zielscheibe von Da'ish sind, verhalten sich die Kirchen abwartend, ja drängen die Menschen zur Emigration, und man zählt nur wenige christliche Selbstverteidigungsmilizen.²³⁰

Die katastrophale Politik von Regierungschef al-Maliki gegenüber den Sunniten und angesichts des Vormarsches von Da'ish führte schließlich dazu, dass sich die irakischen Abgeordneten auflehnten und den Premier mit Hilfe des Westens am 11. August zum Rücktritt zwangen. Staatspräsident

Masum ernannte daraufhin den Vizepräsidenten des Parlaments, Haider al-Abadi, zum Ministerpräsidenten. Al-Abadi, der al-Maliki nahestand, ist für seinen intellektuellen Scharfsinn und sein Verhandlungsgeschick bekannt.[231] Seine Devise ist einfach: Geeint gegen den IS Front machen. Am 9. September lud er sämtliche Vertreter der Minderheiten zur ersten Sitzung des neu gewählten Parlaments ein.[232] Von den 189 Abgeordneten sprachen 177 seiner Regierung das Vertrauen aus, darunter auch Sunniten. Um auch die Unschlüssigen ins Boot zu holen, stellte er eine Dezentralisierung der Verwaltung und der Wirtschaft in Aussicht.[233] Auf dem Nato-Gipfeltreffen in Cardiff am 4. September wurde al-Abadi zum alleinigen irakischen Ansprechpartner der Anti-Kalifat-Koalition gekürt. US-Außenminister Kerry bezeichnete die irakische Regierung gar als „Herz und Rückgrat" im Kampf gegen den IS.[234]

Doch in seiner eigenen schiitischen Gemeinschaft stößt al-Abadi auf den Widerstand der Milizenführer und insbesondere des Religionsführers Muqtada as-Sadr, einem Volkstribun aus dem Armenviertel Sadr-City und Kommandant der *Mahdi-Armee*. Im August hatten sich die Anhänger von as-Sadr auf al-Malikis dringenden Appell hin mobilisiert und Seite an Seite mit den irakischen Sicherheitskräften die IS-Kämpfer zurückgedrängt, die bis in die Vorstädte von Bagdad vorgedrungen waren.[235] Der Ruf des neuen Ministerpräsidenten als Versöhner wird ihm die Entwaffnung der vielen tausend Milizsoldaten, die sich vielfach an der sunnitischen Bevölkerung vergangen haben, wohl kaum erleichtern. Muqtada as-Sadr, der gegen die US-Truppen gekämpft hat, warnte davor, mit den Besatzern zusammenzuarbeiten.[236] Die schiitischen Fraktionen schüren das Feuer eher noch und werden der ersehnten Versöhnung sicherlich noch viele Steine in den Weg legen.

Ein Hoffnungsschimmer könnte indes von den sunnitischen Stämmen ausgehen, auch wenn sie verschrien sind für ihr beharrliches Aussitzen oder ihre Anbiederung an den IS. Im August 2014 kamen 25 Klans zusammen und bildeten eine Allianz nach dem Vorbild der Bewegung „Das Erwachen Anbars" (in Anspielung an die Sahwa-Komitees, die 2007 ins Leben gerufen worden waren).[237] Der Kopf der Bewegung, Ahmed Abu Rischa, versammelte an die 40 Stammesshaikhs, darunter viele Nationalisten und ehemalige Baath-Mitglieder. Sie setzten sich zum Ziel, den Kampf gegen den Dschihadismus in der Provinz Anbar, den sie früher an der Seite der irakischen Streitkräfte und der US-Armee geführt haben, wieder aufzunehmen. Am 14. September gab die Regierung im Sender *Al-Ikhbariyya* die Bildung einer Nationalgarde in den sunnitischen Gebieten mit mindestens 120.000 Mann bekannt; sie soll durch amerikanische Fachleute ausgebildet werden und sich vermutlich aus Milizen der *Erwachen*-Allianz rekrutieren.

Ab Mitte August kam es zu zahlreichen vereinzelten Scharmützeln zwischen militanten Sunniten und IS-Kämpfern in Mosul, Ramadi, Mansurija und Dulujia nördlich von Bagdad.[238] In Syrien waren im September ähnliche Fälle von Widerstand gegen den IS zu beobachten. „Wir wollen nicht für euch sterben", skandierten Demonstranten in der Stadt al-Hul nahe al-Hasaka im Nordosten des Landes. In der Provinz Deir ez-Zor kam es zu Meutereien gegen Da'ish. In Roschdija brachten Dschihadisten den Emir des IS um.[239] Zur Vergeltung sollen in der zweiten Oktoberhälfte mehr als 200 Stammesangehörige in der Provinz Anbar erschossen worden sein (AFP). Der lokale Widerstand kann auf Dauer allerdings nur siegen, wenn in Syrien eine politische Lösung ausgearbeitet wird, im Irak die Versprechungen gegenüber den Menschen eingehalten werden und ein neuer Nationalpakt in die Wege geleitet wird. Ministerpräsident al-Abadi wird dazu die nicht leichte Aufgabe meistern müssen, sich von seiner schiitischen Basis freizumachen.

Der Zickzackkurs der amerikanischen Geopolitik

„Diese Organisation hat eine apokalyptische Endzeit-Strategie und -Vision und wird besiegt werden. [...] Kann sie geschlagen werden, ohne auch den Teil der Organisation in Syrien anzugreifen? Die Antwort ist nein".[240]

General Martin E. Dempsey (Vorsitzender der Vereinigten Stabschefs)

Der Islamische Staat erkennt keine der bestehenden internationalen Institutionen an (außer vielleicht al-Qaida), keine Genfer und keine Haager Konvention. UNO und Völkerrecht existieren nicht für ihn. Die Außenpolitik des IS wird ausschließlich durch die Interessen des Dschihad geleitet, dessen Ziel die Erweiterung des *dar al-islam* („Haus des Islams") gegen das *dar al-harb* („Haus des Krieges") ist. Verhandlungen mit den *kuffar*, Zweckbündnisse und Waffenruhen sind zwar erlaubt, sie sind aber rein opportunistische Maßnahmen, wie man schon in den Hadithen nachlesen kann: „Krieg ist Täuschung!" Die Kriegsziele des Kalifats sind potenziell grenzenlos. Doch hinter dieser Kriegstheorie ist der Kommandoapparat des IS gespalten, denn den früheren Baath-Leuten geht es in erster Linie darum, den sunnitischen Arabern im Irak ihre einstige politische und finanzielle Autonomie zurückzugeben. Sie könnten sich auch mit bescheideneren Zielen als einer brutalen Islamisierung des Nahen Ostens anfreunden. Mit diesen Leuten lässt sich vielleicht reden und zu einer diplomatischen Vereinbarung kommen, aber das setzt freilich ein behutsames Vorgehen durch die IS-Gegner voraus.

Das über Nacht entstandene Gebilde des Islamischen Staates ist längst nicht so instabil, als dass Angriffe kurdischer Peschmerga und Luftschläge des Westens es binnen weniger Monate zu Fall bringen könnten. Die USA haben beschlossen, den Vormarsch von Da'ish zu stoppen, allerdings kommt die Bewaffnung der Kurden und die Fortsetzung der Luftschläge einer politischen Kehrtwende gleich, die viele Risiken birgt. Ein bewaffnetes Kurdistan dürfte mittelfristig die Türkei, einen alten Verbündeten der USA, bedrohen. Präsident Obama, der hoffte, sein Land von dem schweren politischen und militärischen Klotz Irak zu befreien, hat beschlossen, sein dortiges Engagement aufrechtzuerhalten, allerdings ohne die nötigen Mittel, um die Antiterror-Schlacht am Boden zu gewinnen. Die USA werden keine Bodentruppen in den Irak schicken, nur 1.600 Militärberater und Einsatzkommandos. Die „Kollateralschäden" der Luftangriffe könnten die ungewisse Unterstützung des IS verstärken.

Erst haben die USA die syrische Rebellion gegen Baschar al-Assad unterstützt, bis im August 2014 klar wurde, dass der Vormarsch der Dschihadisten nicht ohne den verhassten Diktator aufzuhalten ist.[241] Offiziell war das undenkbar, dafür waren die gegenseitigen Schmähungen zu weit gegangen, ebenso wie die Barbarei der syrischen Geheimdienste. Aber um den Islamischen Staat ausmerzen zu können, müssen die Nachschubstandorte in Syrien vernichtet werden, insbesondere die bei Rakka. Und überhaupt, wie soll der Aufstieg des Kalifats ohne die Unterstützung des Iran und der irakischen Schiiten, die den Vormarsch des IS in Richtung Süden gestoppt haben, aufgehalten werden? In den letzten Monaten haben die USA sich vorsichtig dem Iran angenähert und sich gleichzeitig durch ihre leise Kritik an der Militäroperation „Protective

Edge" im Juli/August 2014 in Gaza ein klein wenig von Israel distanziert.[242] Andererseits schonen die USA weiterhin ihre problematischen Bündnispartner Saudi-Arabien, Katar und Türkei.

Infolge der IS-Militäroperationen, aber auch der zögerlichen Haltung der USA ordnet sich im Nahen Osten das Gleichgewicht der Kräfte neu. Israel, das große Probleme hat, die Situation im Gazastreifen stabil zu halten, könnte versuchen, nach außen eine Allianz mit Ägypten einzugehen, um sich als Bollwerk gegen einen möglichen Schulterschluss zwischen irakischem Kalifat, libyschem Emirat und afrikanischen Ablegern zu präsentieren. Mittelfristig könnte das Duo sich ganz real als „Mauer" gegen die islamistische Gefahr erweisen.[243]

In Anbetracht der geopolitischen Umbrüche ist den USA heute insbesondere an einer Fortsetzung der in Südirak und Kurdistan unterzeichneten Verträge gelegen. Zwar ist die Großmacht durch die Fracking-Technik nicht mehr auf den Import von irakischem Öl angewiesen, doch muss unbedingt verhindert werden, dass China – der größte Konkurrent der USA in Sicht bis 2030 – sich die Lagerstätten unter den Nagel reißt. Dafür muss der Vormarsch von Daʻish gestoppt werden. Das ist auch das erklärte Ziel der großen 25-Länder-Koalition, die auf dem Nato-Gipfel am 4./5. September in Newport zustande kam. Den militärischen Part übernehmen die Streitkräfte der USA, Frankreichs, Großbritanniens, Kanadas, Deutschlands, Österreichs und Italiens. Kein einziges muslimisches Land ist dabei. Den humanitären Part, der weniger kostspielig ist und auch besser bei den Menschen ankommt, koordinieren Saudi-Arabien, Kuweit und die Türkei. Den logistischen Part decken die Vereinigten Arabischen Emirate und Katar ab.[244] Es wurde aber auch vereinbart, dass die westlichen Staaten keine Bodentruppen schicken werden. Am 17. September gab das Repräsentantenhaus Obama grünes

Licht, 170 Flugzeuge in die Region zu verlegen. Die iranische Führung lehnte umgehend jedwede Kooperation ab und ließ mit einem Schulterzucken durch ihren Außenminister verlautbaren: „[Der IS] ist ein gefährliches Phänomen, er wird aber nicht mit Luftangriffen zu schlagen sein".[245]

Viele Länder zeigen sich offen skeptisch gegenüber der Koalition, sie erinnert zu sehr an die des Golfkriegs von 1991 und an die Koalition der irakischen Invasion von 2003, die das heutige Chaos verursacht hat.[246] Alle wissen, Erdöl ist als Motiv mindestens genauso wichtig wie die Vernichtung des Kalifats. Die Manipulation der Öffentlichkeit durch die US-Geheimdienste hat manchen Verteidiger des Laizismus und der Demokratie vor Ort frustriert.[247] Russland und Iran lehnen strikt ab, dass Syrien Ziel französisch-amerikanischer Luftschläge wird, und gefährden damit den zerbrechlichen Status quo zugunsten von Baschar al-Assad. Der russische Außenminister warnte, dass dies ein schwerer Verstoß gegen internationales Recht darstelle. Präsident Obama aber will unbedingt (anders als George W. Bush im Jahr 2003) den juristischen und moralischen Rückhalt der UNO.

Die westlichen Staaten und ihre Verbündeten im Nahen Osten sind sich durchaus im Klaren, wie gefährlich der dschihadistische Protostaat ist. Trotzdem hat die hektisch, fast widerwillig gebildete Koalition in erster Linie einen kommunikativen Charakter – seht her, die Führungsrolle der USA ist nicht so angeschlagen, wie es scheint –, aber immerhin ist die Taktik einigermaßen klar (Luftangriffe, Unterstützung der irakischen Streitkräfte), doch wie sieht die Strategie aus?[248] Die Lösung, die Obama gewählt hat, bringt die Großmacht in die unerfreuliche Lage, den Kampf gegen den IS an der Seite der saudischen Wahhabiten zu führen, also mit dem am wenigsten kompromittierten Mitglied von al-Qaida: Ein Islamismus wird gegen einen anderen ausgespielt. Die USA haben sich für andere in einen Krieg hineinmanövriert, der nur einer Variante des Salafismus den Sieg bescheren kann.[249] Der Krieg präsentiert sich als Therapie für die westlichen Diplomatiebemühungen, die das kalte IS-Ungeheuer, das sehr wohl etwas mit ihren strategischen Fehlentscheidungen aus der Zeit nach 2001 zu tun hat, deprimiert. Aber der Krieg ist weder ein Heilmittel noch eine Lösung, er ist nur das äußerste Mittel, um die Achtung der fundamentalsten Menschenrechte zu erzwingen. Siege kennen kein politisches Konzept. Aber genau ein solches fehlt der jetzigen Koalition.

Vor Ort selbst musste der IS mit Beginn der Luftschläge die Ölförderung in den von ihm kontrollierten Lagerstätten einstellen und eine Umverteilung der Truppen vornehmen. Sie wurden in Ballungsräume verlegt, wo die Bewohner ihnen als menschliche Schutzschilde dienten. Die Taktik der Koalition schien kurzfristig aufzugehen, auch wenn es kaum Verluste auf der gegnerischen Seite gab.[250] Aber die USA machen einen klaren Unterschied zwischen beiden Einsatzgebieten. Im Irak ist das Ziel die Schwächung und Zurückdrängung des IS in Richtung syrische Grenze, wo man ihn bald endgültig zu zerschlagen hofft. Am Boden soll der Rückzug durch die irakischen Streitkräfte und die Stämme, deren Abkehr vom IS man sich erhofft, forciert werden. In Syrien galten die Luftschläge ab Ende September mindestens drei Zielen: den IS-Stellungen natürlich, dann der Nusra-Front (für den Fall, dass der IS besiegt wurde und diese Dschihadisten-Gruppe an seine Stelle trat) und schließlich auch den Militärstützpunkten von Baschar al-Assad. Mit anderen Worten, nach einer Zeit der Unentschiedenheit setzt die Großmacht USA auf Druck der Golfstaaten einen 60 Jahre alten Konflikt mit Syrien fort. Das erklärt auch, warum die militärischen Meldungen der Koalition die Aufmerksamkeit der Weltöffentlichkeit auf Kobane und die syrische Frage gelenkt haben, obwohl die Lage im Irak mindestens genau so dramatisch ist. Ohne UN-Resolution und ohne Mandat des Sicherheitsrates aber laufen die USA in diesem um mehrere neue Ziele erweiterten Krieg gegen den IS Gefahr, gegen Völkerrecht zu verstoßen.[251]

Trotz der hervorragenden US-Geheimdienste und der Analysen ihrer Think-tanks[252] wurden keine Lehren aus der Vergangenheit gezogen. Barack Obama scheint vergessen zu haben, dass sein Land Osama Bin Laden in Afghanistan gegen die Sowjetunion unterstützt hat, und auch, dass er denselben Fehler 2011 in Syrien wiederholt hat. Es liegt eine Art Fluch über der Nahost-Diplomatie der Amerikaner, in deren Fußstapfen jetzt auch Präsident Hollande nach der Ermordung eines französischen Staatsbürgers durch Dschihadisten getreten ist.[253]

Die Hardliner gegen den Islamischen Staat

Wesen und Strategie des Islamischen Staates sind in einigen Ländern von Anfang an auf offene Ablehnung gestoßen, und seitdem hat sich auch nichts an deren Einschätzung und diplomatischer Linie geändert. Dazu zählt natürlich die syrische Führung. Die IS-Organisation steht Baschar al-Assad radikal feindlich gegenüber. Al-Assad wiederum hat seit 2011 alles getan, um sie zu zerschlagen – genauso wie die moderate Opposition. Anders als seine Bastionen im Osten des Landes, die er halten konnte, gelang es ihm nicht, den Norden und die Tigris-Region zurückzuerobern, die sich in der Gewalt der Rebellen und der Dschihadisten befinden. Ob die Lage zu seinen Gunsten kippen kann? Al-Assad konnte sich stets auf die diplomatische und technische Unterstützung Russlands und Irans verlassen, und bei Bedarf versorgte ihn die libanesische Hisbollah mit Kämpfern. Da er ein Ausgreifen des IS in Richtung Mittelmeer und Libanon unterbindet, spielt er eine wichtige geopolitische Rolle. Übrigens kamen ihm die Luftschläge in Syrien und rund um Kobane anscheinend zugute, da seine Truppen im Oktober Gebiete südlich von Damaskus und in Richtung Aleppo zurückerobern konnten. Die plötzliche Renaissance des Kalifats hat viele Beobachter zu der Überzeugung gebracht, dass Syrien in den Kreis der Nahostmächte zurückgeholt werden muss, doch die USA und Frankreich bleiben bei ihrer kategorischen Absage an jeglichen Kompromiss gegenüber Damaskus, zumindest offiziell.[254] Aber wie lange ist diese Position noch haltbar? Das Ansinnen der Koalition, den IS zu vernichten, dürfte wirkungslos bleiben, wenn die Bombardierungen gleichzeitig auch die Assad-Bastionen treffen.[255]

Für die Iraner ist der Islamische Staat ein Teufelswerk, gebildet aus *kuffar*, die mit Hilfe Saudi-Arabiens und Katars von den USA ausgerüstet und finanziert werden, um das Assad-Regime zu destabilisieren, die Teilung des Irak herbeizuführen, die Schiiten im Süden des Landes zu unterwerfen und sich die Ölreserven zu sichern.[256] Da'ish muss bekämpft und besiegt werden, und die schiitischen Heiligtümer im Irak (Kerbela und Nadschaf) sind zu schützen – daher Teherans bedingungslose Unterstützung für die Regierung von Nuri al-Maliki.[257] Der Iran hatte gehofft – das Land war seit der islamischen Revolution 1979 vom diplomatischen Parkett ausgeschlossen –, die USA würden im Kampf gegen den IS um seine Unterstützung bitten, und auch, dass durch die Verschiebung der Allianzen Verhandlungsspielraum in der atomaren Frage und eine Lockerung der Wirtschaftssanktionen, die schwer auf dem Land lasten, entsteht.[258] Doch nichts davon ist eingetreten. Washington hat seine Beziehungen zur islamischen Republik zwar entschärft, sträubt sich aber, an Teheran zu appellieren.[259] Die Verpflichtungen gegenüber den Verbündeten Israel und Türkei, die erklärtermaßen dem Iran und Assad feindlich gegenüberstehen, dürften diese Entscheidung mitbestimmt haben. Aus iranischer Sicht kann der Irak nicht ohne die Schiiten befreit werden, außerdem werden die Südiraker irgendwann die Hilfe ihrer persischen Brüder brauchen. „Der Iran und die Hisbollah sind die einzigen Akteure im Nahen Osten, die über die nötigen Kräfte verfügen, um den Islamischen Staat drei Mal zu vernichten."[260] Von dieser siegessicheren Rhetorik einmal abgesehen, dürften bei einem Einsatz vor Ort die iranischen Streitkräfte sich kaum anders einbringen können als die amerikanischen, sprich durch Unterstützung aus der Luft und Militärberater.[261] Und Bagdad wird ganz sicher – auch mit einer schiitischen Regierung – seinen Handlungsspielraum behalten wollen.

In den Wirrnissen, die die Entstehung des Islamischen Staates ermöglicht haben, gehört Russland zu den wenigen Ländern, die ihrer geopolitischen Linie treu geblieben sind. Sie lässt sich auf wenige Prinzipien zusammenfassen: Präsident al-Assad repräsentiert die legitime Regierung Syriens; die multipolare Welt erfordert Verhandlungen mit Teheran; die einzig mögliche Antwort auf Terrorismus ist gnadenlose Härte. Ein viertes, weniger explizites, ließe sich noch hinzufügen: Nutze jede Gelegenheit, um die Glaubwürdigkeit der USA zu diskreditieren. So erinnern die Russen gerne daran, dass sie schon 2011 davor gewarnt haben, die syrischen Rebellen mit Waffen auszurüsten.[262]

Der Kampf gegen den Terrorismus wird mit den zahlreichen islamistischen Anschlägen gerechtfertigt, die seit den zwei Tschetschenienkriegen (1994–1996 und 1999–2000) auf russischem Boden verübt wurden. Im Dezember 2013, kurz vor Beginn der Olympischen Winterspiele in Sotschi, forderte ein Anschlag in Wolgograd 33 Todesopfer. Im Kaukasus sollen zwei dschihadistische Gruppierungen namens *Ansar al-Scha-ria* und *Ansar al-Sunna* eine potenzielle Bedrohung darstel-len.[263] Offenbar gehören sie einem Emirat im Kaukasus an, dessen Oberhaupt seit dem 18. März 2014 ein gewisser Ali Abu Muhammad ist. Das Emirat wird für die Anschläge auf die Moskauer U-Bahn und den Flughafen Moskau-Domodedo-wo verantwortlich gemacht. Der Terroranschlag auf den Ma-rathonlauf von Boston durch die Tsarnaev-Brüder soll eben-falls auf sein Konto gehen.[264] Eine Verbindung zwischen dem „Emirat" und dem IS ist nie öffentlich geworden, aber wahr-scheinlich, da seit 2013 offenbar Hunderte Kaukasier in Syrien kämpfen.[265] Am 4. September 2014 rief Da'ish in einer vom sy-rischen Luftwaffenstützpunkt Taqba aus gedrehten Videobot-schaft, in der Russland direkt angegriffen wurde, dazu auf, „den Kaukasus zu befreien und für den Dschihad zu werben". Die Bilder stellen erbeutete russische Militärausrüstung zur Schau, die aus Putins Waffenlieferungen an Assad stammen.

Russland wird nicht zulassen, dass sich der Irak-Konflikt im Kaukasus fortpflanzt oder ein terroristisches Gebilde nahe sei-ner Südgrenzen entsteht. Die russische Führung ist gegenüber diesen Bedrohungen immer unnachgiebig geblieben, hat stets den IS verdammt[266] und die Fehler des Westens angeprangert. Moskau hält nichts von Luftangriffen ohne die Unterstützung von Bodentruppen,[267] hat die Koalition beschwört, keine Luft-schläge in Syrien vorzunehmen, und hält beharrlich an der Rehabilitierung von Baschar al-Assad fest.[268] Im Irak hinge-gen sind seit September russische Einheiten und Helikopter auf Seiten der Regierungstruppen im Einsatz.[269] Damit trennt Russland, übrigens wie die USA, ganz streng zwischen den beiden Einsatzgebieten und misstraut allen Eingriffen in Syri-en, weil sie das Assad-Regime schwächen könnten. Man fühlt sich bei Putins Vorgehen unwillkürlich an Zar Alexander II. erinnert, der sich für die im Osmanischen Reich unterdrückten bulgarischen Christen verantwortlich fühlte und dafür einen Krieg anzettelte (Russisch-Osmanischer Krieg 1877–1878). Vielleicht ist ja der Traum von einem Russland, das sich zur Schutzmacht der Christen auf islamischem Boden aufschwingt, noch nicht tot.

Nicht zu vernachlässigen ist schließlich das diplomatische Gewicht einiger Länder, die zwar vom Schauplatz des Islamischen Staates noch entfernt sind, deren Haltung aber Bewegung in die verhärteten Fronten im Nahen Osten bringen könnte. Mitte September 2014 gab es drei, die sich abwartend verhielten: Algerien, Israel und Ägypten. Alle drei Länder haben schon lange dem salafistischen Terror, unter dem auch sie leiden, den Kampf angesagt. Doch sobald die Emirate in den Sog des IS geraten, könnten sie wider Willen und obwohl sie sich bisher dem Prinzip der Nichteinmischung in internationale Angelegenheiten verschrieben haben, in den Konflikt hineingezogen werden. So ist es Algerien ergangen, als der Franzose Hervé Gourdel am 24. September in der Kabylei ermordet wurde. Schmerzhaft erinnerte der brutale Akt an die Bürgerkriegsjahre und stellte plötzlich Gewissheiten in Frage: Hatte die Armee die Hochebenen im Landesinnern und die Bergregionen wirklich unter Kontrolle?

Ein Konflikt der Interpretationen

Der Islamische Staat ist eine überaus komplexe geopolitische Realität, die gravierende Positionierungskonflikte ausgelöst hat. Je nach Sicht auf seine Entstehung interpretiert jedes der betroffenen Länder die Ereignisse anders und schlägt andere Lösungen vor. Die Akteure des Konflikts haben sich in verschiedenen Kreisen zusammengefunden, sei es durch Allianzen, sei es aufgrund von Affinitäten – Annäherungen, die mit der

Geschichte zu tun haben, mit der ethnischen Zugehörigkeit, mit Sprache, mit Geld oder weil sie opportun sind. Es sind geschlossene Kreise, mit einem Diskurs, der durch die ständige Wiederholung geradezu monomanisch wird. Da'ish ist ein Meister im Aufdecken von Komplotten, und es sind viele, die angeblich seit Jahrzehnten geschmiedet werden, um dieses oder jenes Land, diese oder jene Gruppe zu vernichten oder zu unterjochen.

Aus Sicht der EU und der USA ist der Islamische Staat eine selbsterzeugte Hydra von Kriminellen und Fanatikern, ohne Bezug zum Islam, entstanden zu dem Zweck, Ölquellen zu erobern mit dem Einsatz junger Männer, die im Internet mit Gräueltaten des Assad-Regimes angeworben werden. Indem man dem Nahen Osten das westliche Konzept des Nationalstaates überstülpte, meinte man die irakische Einheit durch Neuwahlen im Anschluss an massive Bombardierungen retten zu können.[270] Dabei hat sich die Formel *one man, one vote* in einem derart wirren Kontext als gefährlich naiv erwiesen. Und die Luftangriffe? Ihre Opfer werden fortleben in der Erinnerung der Verwandten und Freunde, und zwar noch lange, nachdem das zerstörte Haus wiederaufgebaut wurde.

Viele arabisch-muslimische Länder halten den Islamischen Staat für ein amerikanisches Konstrukt, um Chaos im Nahen Osten zu säen und auf diese Weise an seine Ressourcen zu kommen. Eine strategische Inszenierung, durchgeführt mit der Komplizenschaft von Israel und der Türkei, die nur allzu gerne mit den Arabern abrechnen wollen.[271] Die Iraner setzen bei diesem Szenario noch eins drauf und unterstellen den Amerikanern die versteckte Absicht, die Schiiten marginalisieren zu wollen, die in Bagdad an der Macht sind; daher die Absetzung von Nuri al-Maliki, der sich mutig den Terroristen entgegenstellte. Die sunnitischen Golfstaaten hätten sich der amerikanischen Allianz angeschlossen, weil sie dieselben anti-schiitischen Ziele verfolgen. Der IS wurde heraufbeschworen, weil die USA ihre Rückkehr in den Irak vorbereiteten, wie die Ereignisse vom September 2014 belegten.[272] Mit Hilfe seiner „IS-Söldner" wolle Washington mit der „Achse des Widerstands" gegen seine globale Macht abrechnen, also mit Syrien, Iran und der Hisbollah.[273]

Zum Schluss möchten wir noch einen eigenen Gedanken über die Entstehung des Islamischen Staates äußern, so unvollständig und vereinfachend er sein mag. Er ist uns gekommen, als wir uns die Abläufe der Oktoberrevolution 1917 noch einmal vergegenwärtigten. Genau so, wie die Bolschewiki als verschwindend kleine, aber entschlossene und gut organisierte Fraktion der russischen Marxisten an die Macht gekommen sind, weil ihnen ein Zusammentreffen dramatischer Umstände die Gelegenheit bot, sie gewaltsam an sich zu reißen, ist der Islamische Staat das Werk einer gut vorbereiteten, indoktrinierten Minderheit, die sich den Zusammenbruch des syrischen und des irakischen Staates zunutze gemacht hat, um eine einzigartige historische Chance zu nutzen. Der Islamische Staat ist ein Unfall des Islam und des Nahen Ostens. Ein tödlicher Unfall …

Ist der Islamische Staat zu stoppen?

Nachdem das sunnitische Kalifat über mehrere Jahrhunderte in Vergessenheit geraten war, ist es jetzt zu einer Neuauflage gekommen. Als Folge des Machtmissbrauchs Baschar al-Assads in Syrien und der Verblendung Nuri al-Malikis im Irak – und mit Unterstützung der sunnitischen Stämme – hat ein islamistisches Gebilde die Region von Ostsyrien bis zu den Grenzen des Iran überzogen und scheint sich dauerhaft festzusetzen. Die Ineffizienz der irakischen Streitkräfte und die opportunistische Kollaboration der Shaikhs werden wohl nicht andauern, in der Zwischenzeit aber hat der kriegerische Salafismus seine Stärke gegen den „faulen Kompromiss" mit den USA und das verhasste demokratische System zeigen können.

Der Islamische Staat ist auf zwei Ebenen sehr real: Zum einen ist er ein strukturiertes, verwaltetes Territorium, zum anderen eine Art phantasmagorisches Banner, das ein Zwillingsverhältnis zu al-Qaida unterhält. Denn hinter den Machtkämpfen

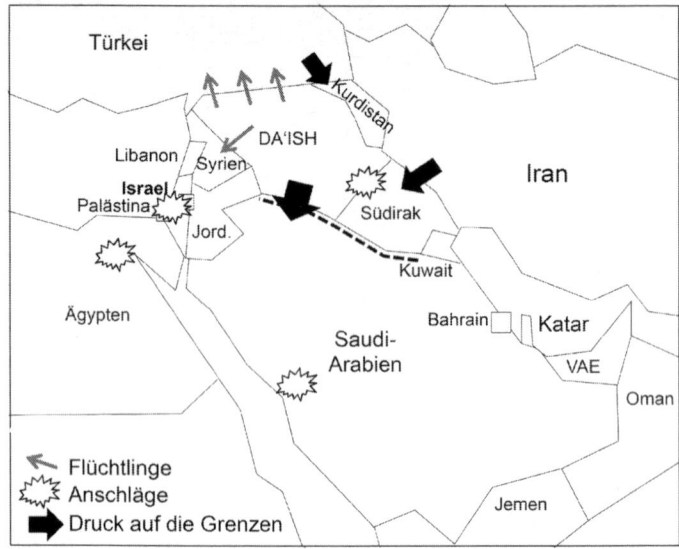

verfolgen beide eigentlich ein und dasselbe Ziel, nämlich eine Renaissance des absoluten Islam herbeizuführen und die Länder der Ungläubigen zu erobern. Dieses Ziel ist langfristig angelegt.

Wie aber sieht, angesichts dieser Metastruktur, die Zukunft des Nahen Ostens mittelfristig, also bis etwa 2020, aus? Mehrere Szenarien sind möglich.

1. Szenario: Sieg des Islamischen Staates

Der Islamische Staat konnte die Oberhand gewinnen und sein Territorium stabilisieren. Die Minderheiten wurden verjagt und sind in die Türkei geflohen. Mehr als 10 Millionen Menschen leben unter der Herrschaft des IS; er finanziert sich hauptsächlich über Erdöl, das chinesische Konzerne fördern. Der schiitische

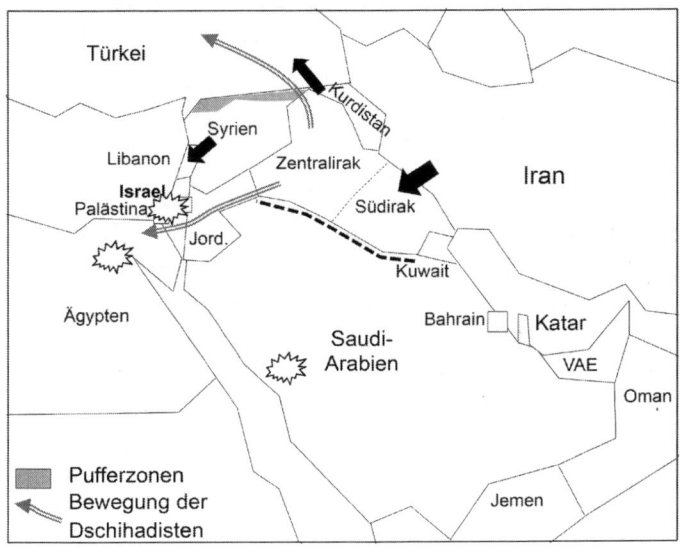

Südirak ist unabhängig geworden und hat seine Beziehungen zum Iran intensiviert, desgleichen Kurdistan zur Türkei. Es bestehen rege Handelsbeziehungen zwischen Kurden, Türken und dem Kalifat. Die Nachbarstaaten, insbesondere Israel und Syrien, werden immer wieder durch Terrorakte erschüttert, gegen die sie mit aller Härte vorgehen. Saudi-Arabien kann die IS-Angriffe an seinen Grenzen nicht mehr abwehren.

2. Szenario: Niederlage des IS und Instabilität

Der Islamische Staat konnte zerschlagen werden, der Kalif ist tot und seine Truppen wurden dezimiert. Die ethnisch-religiösen Spaltungen im Irak haben sich allerdings verfestigt, das Land ist nur noch ein lockeres föderalistisches Gebilde. Die

Autonome Region Kurdistan hat ihre Unabhängigkeit erlangt und unterstützt die PKK in der Türkei, was die Befürchtungen Ankaras bestätigt. In Syrien konnte Präsident Assad die verlorenen Gebiete zurückerobern, ausgenommen die kurdischen Gebiete, die auf Betreiben der Türkei unter internationale Aufsicht gestellt wurden, aber de facto unter ihrer Kontrolle stehen. Zum Ausgleich versucht Assad die syrische Vorherrschaft über den Libanon wiederzugewinnen. Nach der Zerschlagung des IS leben mehrere 10.000 Dschihad-Kämpfer verstreut über die sunnitischen Länder und destabilisieren die Region weiterhin mit Terrorakten.

3. Szenario: Niederlage des IS und Befriedung

Nach dem Tod des Kalifen und der Festnahme der Dschihadisten wird unter internationalem Druck und in Zusammenarbeit mit Bagdad der Frieden zwischen den irakischen Sunniten und Schiiten, der Erhalt des Nationalstaats in den bestehenden Landesgrenzen und eine bessere Verteilung der Erdöleinnahmen erreicht. Die Autonomie Kurdistans wird erweitert. In Syrien wird durch politische Vereinbarungen ein Prozess der nationalen Versöhnung eingeleitet, flankiert durch eine Generalamnestie. Baschar al-Assad verspricht, sich nicht mehr zur Wahl zu stellen und erhält im Gegenzug für sich und seine Familie weitgehende Straffreiheit. Die Flüchtlinge können in ihre Heimat zurückkehren.

Der Islamische Staat erfüllt einen alten, mittelalterlichen Traum mit Leben, was den Nahen Osten dauerhaft verändern wird. Um dieser neuen Gegebenheit zu begegnen, waren die USA drauf und dran, eine kühne geopolitische Kehrtwendung zu vollziehen und sich dem Iran und sogar Syrien anzunähern. Aber der moralische Schaden dieser Realpolitik wäre viel zu

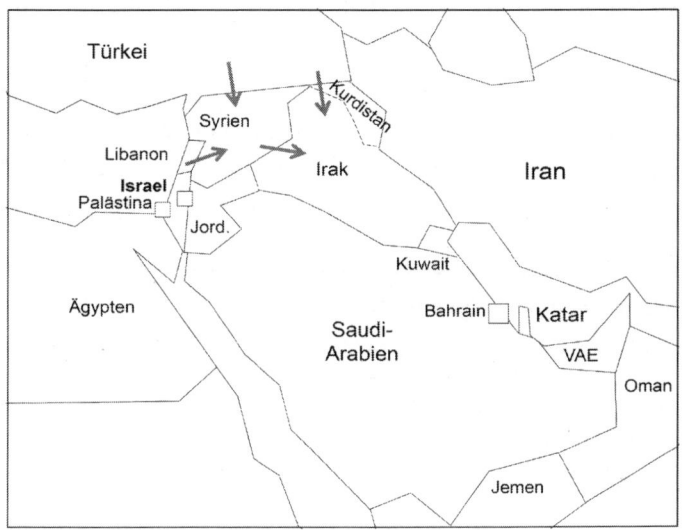

groß gewesen, daher hat US-Präsident Obama sich für Luft-schläge entschieden und es vorgezogen, den einen Islamismus gegen den anderen auszuspielen. Die Luftangriffe dürften nicht ganz wirkungslos bleiben,[274] aber um das Kalifat langfristig aus der Welt zu schaffen, gibt es nur zwei mögliche Strategien:

1) Einkreisung des IS durch Syrien unter Assad, Kurdistan, Iran und Südirak, danach Reduzierung der IS-Territorien mit militärischen Mitteln mit Hilfe der Russen;[275] dafür muss Iran wieder in den Kreis der Nationen aufgenommen werden. Das wäre die „schiitische Karte".

2) Umstimmung der sunnitischen Stämme im Irak durch eine Politik der Großzügigkeit und die Gewähr, den Staat in seinen historischen Grenzen zu erhalten; dafür muss einer-seits die Türkei ins Boot geholt werden, um den Schmuggel von Material und Kämpfern an ihren Grenzen zu unterbinden,

andererseits auch die Staaten am Persischen Golf, um sich mit Finanzhilfen am Wiederaufbau des Irak zu beteiligen. Das wäre die „sunnitische Karte".

Eine weitere Lösung wäre, die Nichteinmischung zum Prinzip zu machen, sich nicht weiter in das Leid von Völkern einzumischen, die uns fern sind. Die heutige Antwort der „freien Welt" auf die weitreichenden Umbrüche ist freilich eine technische: Luftschläge gegen identifizierte Ziele. Zu behaupten, der Westen und der Dschihadismus würden sich gegenseitig provozieren und bekämpfen, ginge völlig an der Sache vorbei, denn zwischen religiösem Fanatismus und technischer Verblendung gibt es keine Menschlichkeit, keine Kommunikation, kein Kampf der Werte oder Kräfte, es ist allenfalls ein Duell zwischen seelenlosen Wesen.

Der Islamische Staat ist mehr als nur eine kriminelle Organisation. Er ist für viele ein arabischer Traum. Ein wahrgewordener Traum, der Tod verbreitet. Eine maßlose Sehnsucht nach Wiedererlangung der Macht nach lange erlittenen Demütigungen. Es reicht, „Kalifat" zu skandieren, um es wirklich werden zu lassen; es reicht, sich diesem Traum hinzugeben, um kriminelle Taten in Sühnetaten zu verwandeln. Wenn ein Volk sich wie im Traum bewegt, können Bombardierungen im Allgemeinen nichts bewirken, erst recht nicht, wenn sie von schlafwandlerischen Eliten ferngesteuert werden.

Der islamistische Terror in Europa

Nach den Anschlägen in Paris vom 7. Januar 2015 trieb die Kommentatoren vor allem eine Frage um: Steckt der Islamische Staat dahinter? Handfeste Belege dafür stehen bislang aus.

Terroristen und Führer des Islamischen Staates sind gleichermaßen daran interessiert, sich als einvernehmlich handelnde Gruppe darzustellen. So erklärte der Da'ish-Radiosender Al-Bayane kurz nach dem Terroranschlag auf „Charlie Hebdo" die Täter zu Helden. Und ein gewisser Abu Hamza reklamierte via Twitter den Anschlag, der zwölf Menschenleben forderte, für Da'ish. Auch Amedy Coulibaly, einer der Attentäter von Paris, behauptete gegenüber dem französischen Fernsehsender BFM, der ihn während der Geiselnahme in dem koscheren Supermarkt interviewen konnte, ein Mitglied von Da'ish zu sein. In einem Video, das am 11. Januar ins Internet gestellt wurde, berief er sich auf seine Zugehörigkeit zum IS. Dort ist er in weißer Tunika, den Kopf mit einem Tuch bedeckt, vor der Flagge des IS zu sehen. Coulibaly rechtfertigte darin seine Taten mit der Beteiligung Frankreichs an der von den USA geführten Bombardierungskampagne gegen den Islamischen Staat. „Ihr greift das Kalifat an, also greifen wir euch an", so seine Worte. Doch in Wirklichkeit sind keine Verbindungen zwischen diesen zu allem entschlossenen einzelnen muslimischen Tätern und der Terrororganisation im Irak und in Syrien auszumachen.

Unbestritten ist allerdings, dass die Berufung auf den Islamischen Staat den Terroristen ermöglicht, ihre Taten zu legitimieren und sie in einen klar definierten Rahmen einzuordnen. Die Attentäter entlehnen dem Islamischen Staat in erster Linie seine makabre Ästhetik. Das zeigt sich in den Bekennervideos von Amedy Coulibaly, die nach dem 7. Januar veröffentlicht wurden. Im Gegenzug verschaffen diese Anschläge dem Islamischen Staat unverhofft neue Rechtfertigungsgründe. Verständlich, dass die Propagandamaschinerie von Da'ish in hektische Betriebsamkeit verfiel. Jedenfalls ließen die amerikanischen Geheimdienste am 10. Januar 2015 verlautbaren, sie hätten der abgehörten Kommunikation zwischen den Anführern des IS entnommen, die Attentate von Paris seien erst der Auftakt einer Terrorkampagne in Europa. Diese angebliche Verbindung zwischen den in Europa agierenden Terroristen und Da'ish wurde umgehend auch von Russland aufgegriffen, das in der Stimme Russlands am 13. Januar 2015 vor weiteren Attentaten belgischer Islamisten warnte.

Kein Zweifel, der IS hat dem Dschihadismus, der seit dem Sturz der Taliban in Afghanistan und der Schwächung von al-Qaida an Schwung verloren hatte, neuen Auftrieb gegeben. Aber mehr noch, der militärische Sieg des Kalifats ist vor allem deswegen von so großer Bedeutung, weil er in erster Linie der Sieg einer Idee und eines Traums ist: des arabisch-sunnitischen Traums von der Revanche an der Geschichte und der uralten

Idee einer Wiederbelebung des islamischen Kalifats. Diese doppelte Dimension des Islamischen Staats macht ihn zumindest im Augenblick unbesiegbar, da ihm offenbar kein anderer Traum und keine glaubwürdige Ideologie entgegenstehen. Die Niederlage des Abendlandes ist vor allem ideologischer Natur. Aber sie offenbart auch intellektuelle und moralische Schwachstellen. Wann immer es um den Nahen Osten geht, herrschen kriegerische Töne vor, ein Zeichen, dass der Westen gar nicht mehr in der Lage ist, den Frieden zu denken. Ausgearbeitet und in die Praxis umgesetzt werden allein militärische, hochtechnologische und blindwütige Optionen. Wir denken nur noch in Kriegsszenarien, nicht mehr in Verhandlungsszenarien. Die Angst vor dem Terrorismus lähmt die westliche Diplomatie, die keinen Weg mehr findet, mit Ländern konstruktiv ins Gespräch zu kommen, zu denen angespannte Beziehungen bestehen, die aber großen Einfluss im Nahen Osten haben. Das gilt jedenfalls für Russland und den Iran, in geringerem Maße auch für die Türkei. Aber ohne diese Länder lässt sich nur schwer erfolgreich gegen den IS vorgehen.

Die in sich absurde Annahme, dass wir uns in einem endlosen Weltkrieg befinden, hat sich in den Köpfen festgesetzt und die Sprache infiziert. Schon George Orwell beschrieb in seinem Roman 1984, wie die Inszenierung eines dauerhaften Krieges zur einzigen Stütze in einer orientierungslos gewordenen Welt wird. Indem sie die Aufmerksamkeit der Medien auf den IS und seine Verbrechen lenken, entledigen sich die Weltmächte auch jeder Verantwortung, die sie durch ihre Komplizenschaft mit dem syrischen Regime und in der Entstehungsphase von Da'ish auf sich geladen haben.

Der Islamische Staat stellt nicht einmal so sehr eine spezifische Bedrohung für Europa dar. Die wirkliche Gefahr für die Europäer sind radikale Muslime, die zu kriegerischen Aktionen bereit sind. Ohne jeden Zweifel bedeuten in Europa rekrutierte IS-Kämpfer eine unmittelbare Gefahr, sobald sie in ihre früheren europäischen Heimatländer zurückkehren. Das ist das wachsende Risiko, dessen man sich nun bewusst werden muss.

Des Weiteren konfrontiert die Angst vor dem Terrorismus die westlichen Gesellschaften mit ihrer eigenen verlorenen Identität: Wer sind wir angesichts des Islamismus? Was ist der Kern unserer Kultur? Lautet die Antwort darauf: „Je suis Charlie"? Für viele heißt die Antwort leider auch Pegida – und die feindliche Abschottung vor dem Islam, den einige Politiker schon längst als Teil Deutschlands oder Europas sehen. Tatsächlich steht Europa vor einer Herausforderung: Der Terrorismus ist eine extreme Form der Identität, der wir wenig entgegenzusetzen haben. Und so setzt uns der IS unter Druck: Uns bleibt keine andere Möglichkeit, als ihn zu besiegen. Zu allem Überfluss wird der Terrorismus instrumentalisiert, um das Internet zu zensieren und die Überwachung auszuweiten. Am Ende leidet sogar das kritische Denken.

Anhang

Zur Erinnerung:
Das Schisma zwischen Sunniten und Schiiten

Im Jahr 632 kam es nach dem Tod des Propheten Mohammed unter seinen Gefährten zum Streit über seine Nachfolge,
die er zu Lebzeiten nicht geregelt hatte. Mohammeds Vetter
Umar erkannte den Schwiegervater des Verstorbenen, Abu
Bakr, öffentlich als *chalifa* („Nachfolger") an. Seinem Beispiel
folgten bald auch alle Gläubigen. Die Befürworter von Ali,
Mohammeds Schwiegersohn und Vetter, werteten dies jedoch
als Putsch, mit dem der engste Verwandte des Propheten von
der Macht ausgeschlossen werden sollte. Der erste islamische
Kalif Abu Bakr herrschte zwei Jahre, bis 634, in denen er mehr
als einen Aufstand niederschlagen musste. Kurz vor seinem
Tod bestimmte er seinen Verbündeten Umar zum Nachfolger.
Der neue Kalif trieb die Eroberung neuer Gebiete eifrig voran

und baute den islamischen Staat aus. Doch nach seiner Ermordung im Jahr 644 war die Gemeinschaft gespalten. Die einen favorisierten Uthman, einen Sprössling der Adelsfamilie der Umayyaden, der offiziell als Kalif anerkannt wurde, die anderen Ali, den Liebling Mohammeds. Wem stand die Macht zu: der Familie des Propheten oder demjenigen, der die allgemeine Zustimmung fand? Aus den zwei feindlichen Lagern, die sich heftig bekämpften, entstanden die zwei Hauptströmungen des Islam, die Sunniten (von *sunna*, Tradition) und die Schiiten (von *shi'a*, Partei), die Anhänger Alis.

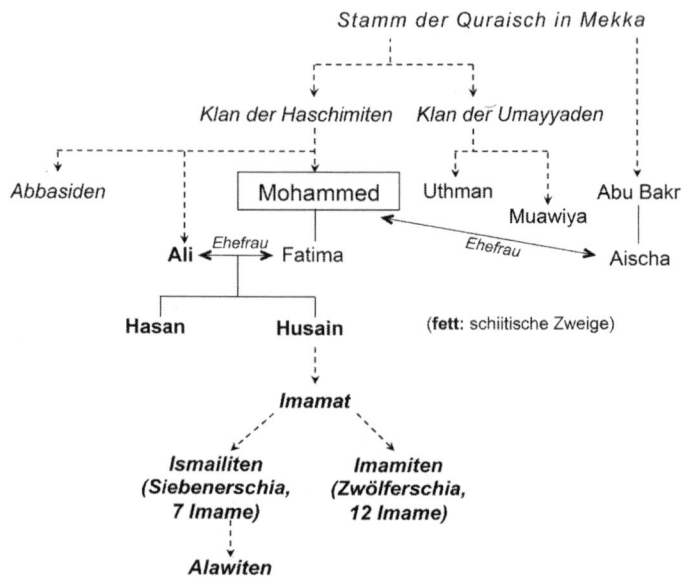

Die Ermordung von Uthman im Jahr 656 und die daraufhin ausbrechenden Unruhen gaben Ali endlich die Gelegenheit, das Kalifat an sich zu reißen. Doch Mohammeds Schwiegersohn zog nicht nur den Hass von Aischa auf sich, einer der Ehefrauen des Propheten, deren Anhänger er im Jahr 656 in Bassora (heute Basra) besiegte, sondern auch den des Klans der Umayyaden, dem der ermordete Kalif angehörte. Zu Letzteren gehörte auch der Statthalter von Syrien und Heerführer Muawiya, der Ali zu beseitigen suchte. Im Jahr 657 trafen Muawiyas und Alis Heere in der Schlacht von Siffin aufeinander; in deren Verlauf erklärte sich Ali bereit, einen Schiedsspruch auf der Basis des Korans über die Herrschaft im Kalifat zu akzeptieren. Dieser ging zu seinen Ungunsten aus. Aber Ali war ein guter Verlierer, er gestand seine Niederlage ein und zog sich zurück, doch er wurde von einem enttäuschten Gefährten ermordet (661). Als Muawiyas Sohn Yazid Kalif wurde (680), verweigerte ihm Alis Sohn Husain die Gefolgschaft. Kurz darauf wurden die Truppen von Husain in der Schlacht von Kerbela geschlagen, Husain selbst fiel; dieser Sieg bekräftigte die islamische Vorherrschaft der Umayyaden. Der Bruch mit den Schiiten war damit endgültig. Diese konnten den Tod Alis und seines Sohns Husain nicht verwinden – noch heute werden ihre Gräber im Irak verehrt – und jahrhundertelang schworen sie, Rache zu nehmen.

Diese rein politischen Auseinandersetzungen wurden durch theologische Divergenzen überlagert. Die Schiiten erkennen die in ununterbrochener Erbfolge auf Husain folgenden 12 Imame an, von denen der letzte 879 auf geheimnisvolle Weise verschwand und seitdem in „Verborgenheit" leben soll. Für sie kann nur ein von Ali abstammender Imam die geheimen Bedeutungen des Korans erklären und die Wahrheit offenbaren. So sind politische und religiöse Fragen bei den Schiiten sehr eng miteinander verwoben („Der Imam und der Prophet sind

Brüder", sagt die Überlieferung). Ein Klerus mit einem *Ayatollah* („Zeichen Gottes") an der Spitze ist mit der Auslegung des Korans und der Führung der Gemeinschaft betraut – bis zu dem Tag, an dem der Verborgene Imam, genannt *Mahdi* (der „Rechtgeleitete") zurückkommt. Diese Lehre wird von den Sunniten nicht nur abgelehnt, sondern als töricht und häretisch abgetan; die schiitische Religion ist für sie ein Irrglaube, die Führung des Islam stehe dem zu, der die Macht ergreift, ohne Rücksicht auf die Linie von Ali.

Innerhalb der schiitischen Strömung kam es schon früh zu einem Richtungsstreit. Eine Gruppierung gründete den kämpferischen, esoterischen Zweig der Siebenerschia bzw. Ismailiten, die nur sieben Imame anerkennen. Daraus entwickelte sich im 9. Jahrhundert die Sekte der Alawiten (der die Assad-Familie angehört), für die Ali die Manifestation des höchsten, namenlosen Gottes ist. Bei den Sunniten schlugen sich die differierenden theologischen Ansätze in der Herausbildung von vier Rechtsschulen nieder, die sich in ihrem Bezug zum Koran als Gesetzesquelle unterscheiden und sich lange Zeit unversöhnlich gegenüberstanden. Aus dem Hanbalismus, der im 9. Jahrhundert gegründeten kleinsten Rechtsschule des sunnitischen Islam, schöpfen bis heute alle Islamismen: die Wahhabiten in Saudi-Arabien, al-Qaida und die Salafisten. Die hanafitische Rechtsschule, die an die Vernunft und Urteilskraft des Einzelnen appelliert, gilt ihnen als zu humanistisch.

Die Flagge des Islamischen Staates

Diese Flagge taucht in allen Videos von ISIS und IS auf. Der obere Schriftzug gibt den wesentlichen Lehrsatz des Islam – *tauhid*, die Einheit Gottes – wieder: „La ilaha illallah" – Es gibt keinen Gott außer Allah. Darunter steht die Ergänzung „Allah und sein Prophet Mohammed".

Die Flagge des IS

1. Erster Teil des islamischen Glaubensbekenntnisses: „Es gibt keinen anderen Gott außer Gott".
2. Inschrift eines Siegelrings des Propheten Mohammed: „Gottes Prophet ist Mohammed".
3. Schwarzer Hintergrund: Der Prophet Mohammed soll eine schwarze Flagge ohne Inschrift verwendet haben, ebenso das Abbasiden-Kalifat (750–1258), dessen Hauptstadt Bagdad war.

Schwarz ist die Farbe der abbasidischen Kalifen und symbolisiert die Trauer für die Märtyrer und die Männer aus der Familie des Propheten, die in der Folge des Schisma (*fitna*) getötet wurden. Der Kreis versinnbildlicht nicht nur das Siegel Mohammeds, sondern auch seinen verlorengegangen (und von Da'ish wiedergefundenen?) Ring. Weiß ist die Farbe des Gewandes, den die Gläubigen auf ihrer Pilgerfahrt nach und in Mekka tragen, und den Hadithen zufolge auch der Muslime. Weiß symbolisiert überdies die Frömmigkeit. Die Schriftzeichen ähneln denen der ältesten erhaltenen Koran-Fassungen aus dem frühen 8. Jahrhundert, was Authentizität und Traditionsbewusstsein vermitteln soll.

In den *Muqaddima* erklärt der Historiker Ibn Khaldun (1332–1406) den Gebrauch solcher Fahnen in früherer Zeit: „Wer zum Statthalter oder zum Heerführer ernannt wurde, bekam bei den Abbasiden und den Fatimiden üblicherweise vom Kalifen eine Fahne umgebunden. Danach verließ der Betreffende den Kalifenpalast oder sein eigenes Haus mit einer Kavalkade von Musikern und Fahnenträgern, um das ihm anvertraute Amt anzutreten."

Die Fahne verweist damit auf die Aufgabe, die der Kalif jemandem auftrug und die darin bestand, den Islam zu verbreiten, sei es mit Gewalt oder Worten. Sie hat aber auch eine eschatologische Bedeutung, insofern sie den Sieg Gottes und seiner Hilfstruppen verkündet. Die Zeit des Jüngsten Gerichts ist nahe. Schon in den 1990er Jahren verwendeten islamistische Gruppierungen Flaggen dieser Art in verschiedenen Varianten, insbesondere die Muslimbrüder, die Tschetschenen oder al-Qaida. Eine größere Bekanntheit erlangte sie jedoch erst im Zuge der siegreichen Eroberungen des IS.[276]

Glossar

Abbasiden: Kalifendynastie mit Zentrum in Bagdad (749–1258). Sie bekannten sich zu einem strengen Islam und trugen zur Etablierung der → Sunna bei.

Alawiten, auch **Nusairier**: esoterische Gruppierung, ging im 9. Jh. aus dem schiitischen Islam hervor und ist in den Bergen Westsyriens beheimatet.

an-Nusra, auch **Nusra-Front**: siehe Jabhat an-Nusra

AQAH: Al-Qaida auf der Arabischen Halbinsel, dschihadistische Strömung, die terroristische Ziele innerhalb Saudi-Arabiens verfolgte; musste in den Jemen ausweichen.

AQIM: Al-Qaida im Islamischen Maghreb, dschihadistische Strömung, die in der gesamten Sahara aktiv ist; bedroht immer wieder die Sahel-Randgebiete.

Asabiyya: Prinzip des sozialen Zusammenhalts und der Identität, das den Stammesverband und seine Bestimmung lenken soll.

Baath-Partei (Baathismus): 1953 in Syrien durch den orthodoxen Christen Michel Aflaq gegründete Partei sozialistischer Prägung; sie strebt einen Panarabismus an, der statt auf der Religion des Islam auf einem laizistischen Nationalismus gründet. Die Baath-Partei kam in den 1960er Jahren in Syrien und im Irak an die Macht.

Bai'a: Treueeid; Gefolgschafts- und Loyalitätsversprechen der Stämme gegenüber dem Propheten Mohammed, später gegenüber den Kalifen.

Chalifa, auch **Khalifa**: „Nachfolger"; übernimmt die Führung der islamischen Gemeinschaft nach Mohammeds Tod.

Da'ish: arabische Abkürzung von al-Daula al-Islamiyya fi-l-Iraq wa-l-Sham, Islamischer Staat im Irak und in Syrien (siehe ISIS).

Dhimmi: „Schutzbefohlener"; Christen und Juden, die sich der islamischen Herrschaft unterwerfen. Gegen Entrichtung der Kopfsteuer (siehe Dschizya) wird ihnen Schutz gewährt und sie dürfen, unter strengen Auflagen, ihre Religion ausüben.

Din: Sammelbegriff für Religion, Glaube, Vergeltung der Taten am Tag des Jüngsten Gerichts. In seiner ersten Bedeutung Bezeichnung für die Kultvorschriften, die bestimmen, was zulässig ist und was nicht.

Dschizya: „Tribut, Kopfsteuer", die den nichtmuslimischen Schutzbefohlenen (siehe Dhimmi) unter islamischer Herrschaft auferlegt wird.

Fitna: „Aufruhr, Verleugnung, Versuchung"; innermuslimische Zwietracht nach der ersten Hälfte des 7. Jh. und Trennung in Schiiten und Sunniten.

FSA: Freie Syrische Armee, 2011 von Überläufern des syrischen Militärs gegründete Rebellenorganisation. Das Sammelbecken moderater und laizistischer Kräfte, die sich gegen das Assad-Regime wendeten, wurde schon bald durch dschihadistische Strömungen verdrängt.

Hadith: Schilderung von Erlebtem oder Gehörtem. I. w. S. die Worte und Taten des Propheten Mohammed, die von Zeugen gesammelt und dann mündlich überliefert wurden; im 9. Jh. u. a. von Ibn Ismail al-Buchari (gest. 869) und Muslim Ibn al-Hadjdjadj (gest. 875) in Hadithsammlungen zusammengetragen.

Hakam: „Schiedsrichter"; von den Stammesverbänden anerkannter Richter, der ihre Streitigkeiten schlichtet.

Hidjra, auch **Hidschra** oder **Hedschra:** „Auswanderung, Exodus"; die Wurzel des Wortes verweist auf das Sich-Entfernen; Auswanderung des Propheten Mohammed von Mekka nach Medina im Jahr 622.

Hisbah: im Kalifat der Abbasiden die städtische Markt- und Sittenpolizei.

IRIB: Islamic Republic of Iran Broadcasting (Rundfunk der Islamischen Republik Iran): staatliche Rundfunkgesellschaft des Iran.

IS: Islamischer Staat; seit Juni 2014 Name der syrischen und irakischen Terrororganisation ISIS (siehe dort).

ISIL: Islamischer Staat im Irak und der Levante, siehe ISIS.

ISIS: Islamischer Staat im Irak und in Syrien; Name der Organisation unter Führung von Abu Umar al-Baghdadi in den Jahren 2013/14. Sie ging aus der Gruppe at-Tauhid wa-l-Jihad (Einheitsbekenntnis und Heiliger Krieg) hervor, die sich 2006 in Islamischer Staat im Irak (ISI) umbenannte.

Islam: „Unterwerfung, Befriedung, Hingabe (an Gott)". Der Islam versteht sich primär als eine Haltung vor Gott, erst in zweiter Linie als Lehrgebäude.

Islamismus: politische Bestrebung, alle gesellschaftlichen und juristischen Belange den religiösen Regeln des Islam unterzuordnen.

Jabhat an-Nusra: „Siegesfront"; al-Qaida nahestehende dschihadistische Gruppierung, die in Syrien niedergelassen ist und sich 2013 vom ISIS getrennt hat.

Jahiliyya: „Unwissenheit, Barbarei", die heidnische Gesellschaft in vorislamischer Zeit.

Kaaba, auch **Kaba:** „Würfel, Kubus"; Heiligtum in Mekka, bedeckt mit einem schwarzen Überzug (Kiswa), das in vorislamischer Zeit zahlreiche Götterbildnisse enthielt.

Kafir: „Widerspenstiger, Ungläubiger, Verberger"; Bezeichnung für die Heiden, die sich weigerten, dem Propheten Mohammed zu folgen, später für Christen, Juden und unwürdige Muslime.

Kalif siehe **Chalifa.**

Kuffar: Plural von → Kafir.

Salafismus: strenge Richtung des Reformislam, die an den reinen Glauben der „Altvorderen" (arab. as-salaf) anknüpfen möchte. Man unterscheidet drei Strömungen des Salafismus, den quietistischen Salafismus, den politischen und den dschihadistischen.

Scharia (arab. shari'a): islamischer Rechtskanon, der für sich beansprucht, alle Bereiche des sozialen Lebens zu regulieren.

Schia (arab. shi'a): „Geleit, Gesellschaft, Partei"; Bezeichnung für die Schiiten, den Anhängern von Ali, dem Schwiegersohn des Propheten.

Shaikh: „alter Mann, Meister"; Stammesoberhaupt.

Sham: Großsyrien; in der islamischen Eschatologie das Land, in dem der Mahdi, der Glaubens- und Welterneuerer, der das Jüngste Gericht ankündigt, wiederkehren wird.

Shura: islamischer Rat, der häufig aus Stammesfürsten gebildet wird.

Sunna: „Brauch, Verhaltensregel"; Bezeichnung für die sunnitische Richtung des Islam, die den Koran und die prophetische Überlieferung, das heißt alle Berichte zu Mohammed und die Hadithsammlungen, als eine Gesamtheit betrachtet.

Takfir: „Bann"; Prinzip der Verdammung von Übertretungen, die als unislamisch angesehen werden; trifft Muslime ebenso wie Nichtmuslime.

Tauhid: „Einheit Gottes"; theologische und religiöse Rechtfertigung der Einheit und Transzendenz Gottes.

Umayyaden: Kalifendynastie mit Zentrum in Damaskus (661–749). Obwohl im Namen des Islam erobert, legten die Herrscher wenig Wert darauf, ihrem Reich eine religiöse Identität zu verleihen.

Umma: vor dem 8. Jh. Bezeichnung für eine Gruppe unter guter Führung, für den rechten Weg und die richtige Richtung, danach für „Gemeinschaft". Wie die Juden und die Christen bilden ihrerseits die Muslime eine „Nation", die sich insgesamt wie ein Stammesverband verhält. In Medina verwendete Mohammed den Begriff ausschließlich für die Gemeinschaft der Muslime.

Wahhabismus: saudische Ausprägung des Salafismus, die zugleich die Monarchie als Staatsform und den saudischen Nationalismus begründet.

Zakat: „Almosen, Reinigung"; Almosengabe, bereits von Mohammed vorgesehen, führt zur Vergebung der Sünden.

Anmerkungen

1   Aus: *Kitab duwal al-islam. Les dynasties de l'Islam*, kommentierte französische Übersetzung von Arlette Nègre, Damaskus 1979.

2   Wir verwenden die Abkürzungen ISIS und Da'ish als Bezeichnung für die Terrororganisation für die Zeit bis Juni 2014. [Auf Deutsch sind auch die Bezeichnungen *Islamischer Staat im Irak und der Levante* (ISIL) oder, seltener, *Islamischer Staat im Irak und in Großsyrien* zu finden (A.d.Ü.).] Danach änderte sich der Name in *Islamischer Staat* (IS) bzw. *Islamisches Kalifat* (siehe das Glossar am Ende des Buches).

3   Ethnisch-religiöse Gemeinschaft von Kurden aus dem Sindjar-Gebirge und dem Bezirk Sheikhan, die den Teufel anbeten, um sich besser gegen seine Übeltaten zu wappnen. Für den IS sind die Jesiden (oder Yesiden) schlicht Verbündete des Teufels, für die es keine Gnade geben darf.

4   Die Turkmenen (auch Turkomanen) sind Sunniten und ursprünglich Turkvölker, die sich im 10. Jahrhundert zusammenschlossen.

5   Jesmeen Khan, „The Iraqi Tribal Structure. Background and Influence on Counter-Terrorism", in: *Perspectives on Terrorism*, Bd. 1, Nr. 1, November 2007.

6   François Burgat, Romain Caillet, „Une guérilla ›islamiste‹? Les composantes idéologiques de la révolte armée syrienne", in: *Les carnets de l'IREMAM* vom 16.10.2013.

7   Tim Arango, Clifford Krauss, „China Is Reaping Biggest Benefits of Iraq Oil Boom", *New York Times,* 2.6.2013; Chen Aizhu, Vladimir Soldatkin, „PetroChina to join Exxon at giant Iraqi oilfield", *Reuters India,* 9.8.2013.

8   Shannon Tiezzi, „US Airstrikes in Iraq: A Win-Win Situation for China", *The Diplomat,* 9.8.2014.

9   „Irak: des ouvriers chinois pris au piège des combats", *RFI,* 27.6.2014.

10 „La Chine appelle à renforcer les efforts pour combattre l'EIIL par une résolution du Conseil de sécurité de l'ONU", *CRI.cn,* 16.8.2014.

11 Dexter Roberts, „Iraq Crisis threatens Chinese Oil Investments", *Bloomberg Businessweek,* 17.6.2014.

12 Myriam Benraad, „Irak: la rente pétrolière au cœur de la crise", *Le Monde,* 23.6.2013.

13 Tina Susman, „Iraqi sheik a contrast to his slain brother", *Los Angeles Times,* 13.10.2007.

14 Hicham Mourad, „D'où vient la force de Daech?", *Al-Ahram Hebdo,* 18.6.2014.

15 Ali al-Mousawi, „L'ouest irakien à feu et à sang après une opération antiterroriste", *France 24,* 31.12.2013.

16 Abir Taleb, „L'Iraq dans le chaos politique", *Al-Ahram Hebdo,* 1.1.2014.

17 *France 24,* 7.1.2014.

18 Am 7. Januar 2014 verkündete Hussam al-Din al-Dulaimi, einstmals General
    unter Saddam Hussein, im TV-Sender Al-Gharbiyya: „Die dritte Qadisiyya
    [auch Kadesia, in Anspielung auf die Schlacht der muslimischen Araber
    gegen die sassanidischen Perser im Jahr 636] – nach der des Kalifen Umar
    und der des ehrwürdigen Präsidenten und Märtyrers Saddam Hussein –
    gegen den Iran und seine Agenten im Irak hat begonnen."

19 Marc Lavergne, „La reconstruction de l'Irak: abus de langage, abus de
    pouvoir", 4.11.2011, https://halshs.archives-ouvertes.fr/halshs-00638148/
    document.

20 „La violence reprend en Irak", *Le Matin*, 25.4.2013.

21 Vgl. insb. Hosham Dawod, „Les réactions irakiennes à la crise syrienne",
    Fondation Maison des sciences de l'homme, Nr. 47, Oktober 2013, https://
    halshs.archives-ouvertes.fr/halshs-00869229/document.

22 Die Hilfe Irans war die Gegenleistung für die syrische Unterstützung im
    Irak-Iran-Krieg von 1980–1988. 2006 unterzeichneten Iran und Syrien einen
    Verteidigungspakt, 2011 finanzierten sie den Militärstützpunkt bei Latakia
    und planten den Bau einer gemeinsamen Pipeline. Vgl. Igor Delanoë, „Le
    partenariat stratégique russo-syrien: la clef du dispositif naval russe en
    Méditerranée", in: Notes de la Fondation pour la Recherche Stratégique Nr.
    6, 13.2.2013; Frédéric Pichon, „La Syrie, quel enjeu pour la Russie au Moyen
    Orient?", in: *Politique étrangère,* Bd. 78, Nr. 1/2013; Farhad Pouladi, „Iran
    and Syria sign pact against common threats", *The DailyStar,* 16.6.2006; Con
    Couglin, „Iran agrees to fund Syrian military base", *The Telegraph,* 12.8.2011.

23 Die Sekte entstand im 9. Jh. im Irak und ist im Nordwesten Syriens weit
    verbreitet. Die Alawiten oder Nusairier spalteten sich früh von den Ismailiten
    ab, die sich ihrerseits von der schiitischen Mehrheit abzweigten. Die Assad-
    Familie gehört der Glaubensrichtung der Alawiten an.

24 Vgl. zu diesem Phänomen der „Konfessionalisierung" des Bürgerkriegs
    François Burgat und Bruno Paoli (Hg.), *Pas de printemps pour la Syrie. Les
    clés pour comprendre les acteurs et les défis de la crise (2011–2013),* Paris
    2013.

25 Dawod 2013, a.a.O.

26 Frédéric Pichon, *Syrie: pourquoi l'Occident s'est trompé,* Monaco 2014; ders.,
    „Aux origines du conflit syrien", in: *Diplomatie* Nr. 66, Januar/Februar 2014,
    S. 14–18.

27 Georges Malbrunot, „Des forces spéciales américaines entraînent des rebelles
    syriens en Jordanie", *Le Figaro*, 1.3.2013.

28 Thomas Flichy, Olivier Hanne, *Guerres à l'horizon*, Panazol 2014, S. 67–72.

29 Michel Touma, „Assad, l'ami des islamistes", *L'Orient-Le Jour* (Beirut),
    3.9.2013.

30 Wie aus ihren Videos hervorgeht, will die Nusra-Front „das Reich Gottes
    auf Erden wiederherstellen und die verletzte Ehre und das vergossene Blut

der Syrer rächen", vgl. Samar al-Gamal, „Nouveaux groupes terroristes", *Al-Ahram Hebdo*, 20.8.2014. Zu den Strategien dieser Gruppierungen im Bürgerkrieg vgl. Burgat/Caillet 2013, a.a.O.

31 Seit Januar 2013, also knapp zwei Jahre nach Beginn des Konflikts, ist der Islamische Staat auf syrischem Staatsgebiet in das Kriegsgeschehen verstrickt.

32 Anscheinend verfolgt die Nusra-Front einen konzilianteren Kurs gegenüber religiösen Minderheiten; vgl. die Äußerungen des syrischen Christen Michel Kilo (BBC und Blog *Un œil sur la Syrie*, 12.2.2013). Und bei Geiselnahmen lässt sie auch leichter über Lösegelder mit sich verhandeln (*L'Orient-Le Jour*, 2.11.2014).

33 Samuel Laurent, *Radio Vatikan,* 10.9.2014.

34 Jessica D. Lewis, „Al-Qaeda in Iraq is resurgent" (Teil I und II), Middle East Security Report 14/15, Institute for the Study of War, 9/2013 u. 10/2013; dies., „AQI's ›Soldiers' harvest‹ Campaign", Institute for the Study of War, 9.10.2013.

35 Samuel Forey, „Sur la frontière entre tribus d'Irak et Kurdes", *Le Figaro,* 23.6.2014.

36 IRIB, 4.8.2014. Diese Annahmen werden von den iranischen Medien weit verbreitet.

37 Jean-Pierre Perrin, „Al-Baghdadi, jihadiste invisible", *Libération*, 13.6.2014.

38 Yitzhak Nakash, *The Shi'is of Iraq*, Princeton (N. J.) 1994.

39 Der Shaikh des Stammes, Rafa'a Abbas al-Jumaili, der in der Provinz Anbar als Militärchef im ISIS eingebunden ist, erklärte im Juni 2014: „Es gibt ideologische Unterschiede zwischen uns, aber wir haben die gleichen Ziele", nämlich den Ministerpräsidenten zu bekämpfen (*Le Monde,* 11.6.2014). Aber vielleicht verbergen sich dahinter noch andere Ziele, jedenfalls besteht ihr Bündnis auch nach al-Malikis Abtreten von der politischen Bühne am 8. September 2014 fort.

40 Ned Parker, Suleiman al-Khalidi, „Special Report: The doubt inside Irak's Sunni ›revolution‹", Reuters, 4.8.2014.

41 Er war mehrfach das Ziel von Attentaten, so auch am 12. Mai 2013 (AFP).

42 Madawi Al Rasheed, *Politics in an Arabian oasis. The Rashidi Tribal Dynasty,* London 1991.

43 Hussein Hassan, „Iraq: Tribal Structure, Social and Political Activities", CRS Report for Congress, 2007.

44 Daher die Gegenoffensiven vom 15. August 2014; vgl. „Irak: Kurdes et tribus sunnites contre-attaquent face à l'avancée jihadiste", I-Télé-AFP, 17.8.2014.

45 Brian Fishman, „Redefining the Islamic State. The Fall and Rise of Al-Qaeda in Iraq", New America Foundation, 18.8.2011.

46 Sam Wyer, „The Islamic State of Iraq and the Destroying the Walls Campaign", Institute for the Study of War, 21.9.2012.

47 „Die Loyalität und der Patriotismus der Soldaten einer Streitmacht sind wichtiger als ihre Ausrüstung. Das erklärt, warum die Soldaten nicht bereit

waren, sich für ein korruptes Regime zu opfern, das nur seine eigenen Interessen verfolgt und den Extremismus ermutigt hat. [...] Das Unbehagen in der irakischen Armee ist in erster Linie ein politisches", General Abdel Moneim Said, *Al-Ahram Hebdo*, 25.6.2014.

48 Cécile Hennion, „Après la prise de Mossoul par les djihadistes, l'Irak est au bord de l'implosion", *Le Monde*, 11.6.2014.

49 Dennoch starben, dem Regierungssprecher von al-Maliki zufolge, allein am 14. Juni 280 IS-Kämpfer (AFP).

50 Maha Salem, „Les djihadistes en Iraq toujours aussi puissants", *Al-Ahram Hebdo*, 27.8.2014.

51 Ab Juni mussten die Kurden und Turkmenen nach Taze zurückweichen: „Die Dschihadisten rückten mit Autos und gepanzerten Fahrzeugen an drei Fronten vor. Sie griffen mit schweren Maschinengewehren, Raketen und Mörsergranaten an" erzählt ein Zeuge; vgl. Samuel Forey, „Sur la frontière entre tribus d'Irak et Kurdes", *Le Figaro*, 22.6.2014.

52 *Le Huffington Post.fr*, 16.8.2014: „Irak: un nouveau massacre perpétré contre les Yazidis attribué à l'État Islamique".

53 Ein Beispiel: Durch die Luftschläge über Syrien in der Nacht vom 24. zum 25. September sollen 15 Dschihadisten und fünf Zivilisten umgekommen sein – ein äußerst nachteiliges Verhältnis für die Bevölkerung; vgl. *RIA-Novosti*, 26.9.2014.

54 AFP-*Libération-La Croix*, 19.9.2014; Jérôme Bastion, „Des milliers de Kurdes syriens forcent la frontière de la Turquie", RFI, 20.9.2014. Am 21. September setzten ethnische Säuberungen ein. Ain al-Arab wurde da schon seit drei Monaten belagert; durch ihre Einnahme hätte der IS eine strategisch wichtige Grenzstadt zur Türkei.

55 Aus dem Lagebericht des *Institute for the Study of War* für den 23./24. September geht hervor, dass es trotz der Bombardierungen IS-Angriffe gab: bei Tikrit, in Kirkuk (auf nicht willige sunnitische Stämme), in mehreren Ortschaften nördlich von Bagdad, in der Hauptstadt selbst sowie in der Provinz Salah ad-Din. Laut Bericht vom 25./26. September wäre es fast zur Einnahme von Ramadi durch den IS gekommen.

56 Die Luftschläge gegen Homs etwa, die von der Syrischen Beobachtungsstelle für Menschenrechte registriert wurden, waren nicht gegen den IS gerichtet, der hier kaum aktiv ist (France 24-AFP, 27.9.2014).

57 „Nach meiner Einschätzung stehen wir am Beginn eines dreißigjähren Kriegs", meinte Leon Panetta, ehemaliger Verteidigungsminister der USA, am 7.10.2014.

58 Al-Furquan Media, 29.6.2014.

59 https://www.youtube.com/watch?v=KcbRG1Slywk, mit englischen Untertiteln. Die zitierte Passage ab ca. min 9:30. Das Video wurde mittlerweile entfernt.

60 Olivier Hanne, *Mahomet, le lecteur divin*, Paris 2012, S. 9–12.

61 Der letzte osmanische Kalif Abdülmecit II. wurde auf Betreiben von Mustafa Kemal entmachtet.

62 Zu all diesen historischen Aspekten siehe insbesondere Denise Aigle, „La conception du pouvoir en islam. Miroirs des princes persans et théories sunnites (XIᵉ–XIVᵉ siècles)", in: *Perspectives médiévales* 31, 2007, S. 17–44; Makram Abbès, *Islam et politique à l'âge classique*, Paris 2009.

63 Reportage *The Spread of the Caliphate, the Islamic State, Vice News,* August 2014.

64 „Ihr Gläubigen! Gehorcht Allah und dem Gesandten und denen unter euch, die zu befehlen haben." (Sure 4, Vers 59) Die muslimischen Gelehrten bestätigen diese Anordnungen: „Es ist dem Muslim formell untersagt, sich gegen die Autoritäten zu erheben. [...] Der Muslim ist gehalten, an ihrer Seite am heiligen Krieg teilzunehmen", vgl. Aboubaker Djaber Eldjazaïri, *La voie du musulman,* Le Pré-Saint-Gervais, 1986, S. 88. Dieses Buch, das einen fundamentalistischen Islam vertritt und den Dschihad propagiert, ist überall in Europa frei erhältlich.

65 Jean-Pierre Perrin, „Al-Baghdadi, jihadiste invisible", *Libération*, 13.6.2014.

66 Diese Geste wurde auch während des Arabischen Frühlings in Syrien und während der sunnitischen Revolten in der irakischen Provinz Anbar oft gezeigt. Der IS hat sie in seinem Sinne uminterpretiert.

67 Ein Beispiel dazu: „Schiitische Armeen aus Ägypten starteten [im Jahr 1090] eine neue Offensive und eroberten Sidon, Akkon und al-Dschubail. In allen diesen Orten setzten sie Statthalter ein, die den schiitischen Kalifen al-Mustansir repräsentierten. In Bagdad verschärfte sich der Machtkampf zwischen Sunniten und Schiiten und forderte zahlreiche Opfer. Der Präfekt zeigte sich unfähig, die Lage unter Kontrolle zu bringen. Die Schiiten verhöhnten ganz offen den Kalifen, weil er dem Sunnitentum angehörte. Später wurden sie verstärkt aktiv und schritten zu allen Arten von Gewaltakten." Al-Dhahabi, *Kitab duwal al-islam*, a.a.O.

68 Die am 21. März 1925 verabschiedete Verfassung des Landes wurde vom britischen Außenministerium redigiert. A. Ayati, „L'Irak tel qu'il naquit", *Eurorient* Nr. 11, 2002.

69 Zu all diesen historischen Aspekten empfiehlt sich die Lektüre von Vincent Cloarec u. Henry Laurens, *Le Moyen Orient au XXᵉ siècle*, Paris 2000, sowie die Betrachtungen von Gérard-François Dumont, „Histoire et géopolitique des territoires irakiens", in: *Géostratégiques* Nr. 7, April 2005, S. 25–35.

70 „Die stärksten Befürworter der Beibehaltung der bestehenden Grenzen des Irak sind die Großmächte und die UNO, die wissen, dass jede Grenzverschiebung die Büchse der Pandora öffnen würde. Das irakische Territorium verfügt kaum über Faktoren innerer Stabilisierung, zumal sich dieser junge Staat seit seiner Unabhängigkeit im Jahr 1932 in einem fortdauernden Zustand gewaltsamer Unruhe befunden hat", G.-F. Dumont,

ebd., S. 34.

71 Propagandavideo des al-Hayât Media Center mit dem Titel „The End of Sykes-Picot", 29. Juni 2014.

72 „Mit Gottes Hilfe sind die muslimischen Länder nun vereint", frohlockte ein Iraker Ende Juli 2014 in einem Beitrag von *VICE News*.

73 F. Burgat, R. Caillet, „Une guérilla islamiste?", a.a.O.; Matthieu Karam, „Vers la fin des frontières de Sykes-Picot", *L'Orient-Le Jour*, 23.6.2014.

74 Gabriel Martinez-Gros, Lucette Valensi, *L'islam en dissidence. Genèse d'un affrontement*, Paris 2004.

75 Auf Deutsch (in Auszügen) siehe Ibn Khald'n, *Die Muqaddima. Betrachtungen zur Weltgeschichte,* aus dem Arabischen übertragen und mit einer Einführung von Alma Giese, München 2011.

76 G. Martinez-Gros, L. Valensi, a.a.O.; die Demütigung der Sunniten im Irak war umso stärker, als sie den irakischen Staat geschaffen und 80 Jahre lang hauptsächlich getragen hatten.

77 H. Dawod, „Les réactions irakiennes à la crise syrienne", a.a.O.

78 UN-Bericht über die Gräueltaten des IS, 16. September 2014.

79 Mohammad Salih, „I am a 14-year-old Yazidi girl given as a gift to an ISIS commander. Here's how I escaped", *Washington Post*, 10.9.2014.

80 „Der Begriff *takfir* [„Ausstoßung", daraus abgeleitet auch das Wort *kafir*] erlaubt es, jemandem, den man zum Ungläubigen erklärt hat, die Rechte und Garantien zu entziehen, die mit seiner Zugehörigkeit zur Gemeinschaft verknüpft sind, und ihn damit berechtigterweise der Gewalt der Gruppe auszuliefern", François Burgat, „À propos du terrorisme islamique", *Maghreb Machreq* Nr. 188, 2006, S. 12 f.

81 Aus Ibn Ishaqs *Sirat Rasul Allah*, der ältesten erhaltenen Mohammed-Biografie, hier nach der französischen Übersetzung von Muhammad 'Abdurrahmân Badawî, Beirut 2001, Bd. 1, S. 496.

82 „Bemüht euch, die Vorschriften des Heiligen Krieges zu erfüllen. [...] Es ist unerlässlich, dass der Herrscher sich jedes Jahr bemüht, die Gebiete der Ungläubigen anzugreifen und diese zu verjagen, so wie er mit allen muslimischen Anführern verbunden ist, um das Wort des Gesetzes zu preisen und das der Ungläubigen zum Schweigen zu bringen, um so die Feinde der Religion Gottes davon abzubringen, erneut gegen sie zu Felde zu ziehen", empfahl der Gelehrte al-Sulami aus Damaskus im Jahr 1105 in seinem gegen die christlichen Kreuzfahrer gerichteten *Buch über den Heiligen Krieg*.

83 S. Haeri, „Temporary marriage", *Encylopaedia of the Qur'ân*, Bd. 5, Leiden/ Boston 2006, S. 232–234.

84 Der marokkanische Philosoph Abdou Filali-Ansary erklärt zur intellektuellen Herausforderung dieses dschihadistischen Erbes: „Alle großen alten Texte ähneln sich, wenn es um Gewalt geht, sie sprechen alle dieselbe Sprache. Sie können nicht geändert werden, aber unser Verhältnis zu diesen Texten

muss sich ändern. Auch andere sind schon an diesen Punkt gekommen, so die katholische Kirche." (*La Croix*, 22.8.2014; Annie Laurent, *Petite feuille verte*, Sonderausgabe, 15.9.2014.)

85 Dominique Thomas (EHESS) im Interview mit *Le Monde*, 16.6.2014.

86 Jessica Lewis, „Al-Qaeda in Iraq Resurgent", Institute fort the Study of War, September 2013.

87 Leila Zerrougui, die UN-Sonderbeauftragte für Kinder und bewaffnete Konflikte, am 8.9.2014. Bei einem Anschlag auf eine sunnitische Moschee in der Provinz Diyala am 22. August 2014, der auf das Konto schiitischer Milizen ging, wurden 32 Menschen getötet. Angesichts der gefährlichen Lage in Bagdad wurden die vom Iran finanzierten Milizen verstärkt, doch die irakische Armee ist offenbar nicht in der Lage, sie unter Kontrolle zu halten. „Die schiitischen Milizen stehen dem IS an Grausamkeit nicht nach", *France 24*, 10.9.2014.

88 A. D. Eldjazaïri, *La voie du musulman*, a.a.O., S. 368: „Jeder Dschihad hat zum Ziel, keine andere Verehrung als die des alleinigen Gottes zuzulassen, sich gegen die Gewalt und das Böse zu erheben, das Leben, das Eigentum und die Gerechtigkeit zu schützen, das Gute zu mehren und die Tugend zu verbreiten."

89 Donatella Rovera, Amnesty International, 13.9.2014.

90 Flichy/Hanne, *Guerres à l'horizon*, a.a.O., S. 51–55.

91 Philippe Gelie, „La sinistre comptabilité de l'EIIL", *Le Figaro*, 18.6.2014.

92 „Vidéo macabre de l'État islamique: la guerre psychologique en Irak", RTBF, 31.7.2014.

93 Das Video mit dem Titel *A Message to America* wurde zunächst über Youtube veröffentlicht, wo es alsbald gesperrt wurde, was seine Verbreitung über Twitter, Facebook, Instagram und die gängigen Informationsmedien nicht verhindert hat. Lee Ferran, „Video Appears to Show ISIS Execution of Second American Steven Sotloff", ABC News, 2.9.2014.

94 „Obama, Ihre Außenpolitik der Intervention im Irak gab vor, das Leben und die Interessen der Amerikaner zu schützen, wieso muss ich nun mit meinem Leben für Ihre Einmischung bezahlen?", fragte Sotloff vor laufender Kamera; *Site Monitoring Enterprise*, 2.9.2014.

95 Unter dem Hashtag *#StevensHeadinObamasHands* wurde Präsident Obama direkt für das Schicksal des am 2. September 2014 ermordeten Steven Sotloff verantwortlich gemacht. Die meisten Hashtags sind eher unspezifisch: Meist führen sie zu Fotos von Hinrichtungen oder Leichen.

96 Carmen Fishwick, „How a Polish student's website became an ISIS propaganda tool", *The Guardian*, 15.8.2014.

97 Im Islam bezeichnet *furqan* das „Kriterium", das die Gläubigen von den Ungläubigen unterscheidet.

98 Dominique Thomas (EHESS) im Interview mit *Le Monde*, 16.6.2014.

99 *Minbar* ist die Kanzel in der Moschee für die Freitagspredigt.

100 Der Beitrag „Smashing the Border of the tawaghit", veröffentlicht vom Al-Hayat Media Center im Juni 2014, zeigt Fotos der Hinrichtung von 1.700 irakischen Soldaten, die in der Provinz Salah ad-Din in Gefangenschaft geraten waren.

101 „L'accès à internet coupé dans une partie de l'irak", *Le Monde*, 17.6.2014; Judson Berger, „State Department enters propaganda war with ISIS", *Fox News Politics*, 9.9.2014.

102 Die USA versuchten es auch schon mit schwarzem Humor, was jedoch ziemlich unangebracht wirkt. Das amerikanische Außenministerium schnitt aus Bildern der dschihadistischen Gräueltaten ein Video mit dem Titel „Welcome to the Islamic State Land" zusammen, das den Zynismus des IS zu entlarven versucht, allerdings eher hilflos wirkt.

103 IRIB, 12.9.2014. Er wirft den Männern von Da'ish vor, der *asch'ariya* anzuhängen, einer Strömung des Islam, die ihre Wurzeln im 10. Jahrhundert hat und die Allmacht Gottes über die Logik und menschliche Vernunft stellt: Gott schafft das Böse wie das Gute, das Schicksal des Menschen ist unentrinnbar vorherbestimmt.

104 „Der Muslim muss bedingungslos daran glauben, dass alle anderen Religionen bedeutungslos und ihre Anhänger nur Ungläubige sind, dass der Islam die einzige wahre Religion ist. [...] Der Muslim liebt die Ungläubigen nicht, denn auch Gott verachtet sie", A. D. Eldjazaïri, a.a.O., S. 129.

105 *La Vie*, 22.8.2014; Anne-Bénédicte Hoffner, „Ils ont fui l'État islamique", *La Croix*, 2.9.2014; *Famille chrétienne*, Nr. 1913, 13.9.2014.

106 „Es ist die eschatologische Ausprägung des radikalen Islam: Für seine Kämpfer bedeutet das nahende Weltende, dass es darauf ankommt, wer zum Lager der Guten und wer zum Lager der Bösen gehört, und eine klare Trennung zwischen der offenbarten Religion und allem anderen vollzogen werden muss. Diese Erwartung des Weltendes legitimiert das totalitäre Projekt, das auch eine religiöse Reinigung beinhaltet", Interview mit Sébastien Duhaut, *La Croix*, 11.9.2014.

107 Insbesondere einer, der von Koleib Ibn Djaaber überliefert ist: „Nach mir wird es Kalifen und Emire geben; nach den Emiren ruhmreiche Könige; und dann wird der Mahdi kommen, er wird meiner Familie entstammen und die Welt mit Gerechtigkeit erfüllen", vgl. Yves Thoraval, „Mahdisme", *Dictionnaire de l'islam, religion et civilisation*, Paris 1997, S. 523.

108 Der Franzose Mourad Farès, bekannt für die Produktion von Dschihadisten-Videos, verbreitet auch eines über die Ankunft des Mahdi, das schon 350.000 mal angeklickt worden ist, unter dem Titel *Al Mahdi et le second Khilafah*. Sein Landsmann Omar Diaby, der in Syrien eine Brigade führt, erklärte: „Ich kehre nicht zurück, bis der Krieg beendet und der Prophet zur Erde zurückgekehrt ist, hier in Damaskus", *Le Nouvel Observateur*, 23.3.2014.

109 Frédéric Pichon, *L'Opinion*, 4.6.2014.

110 Liz Sly, „Al-Qaeda disavows any ties with radical Islamist ISIS group in Syria, Iraq", *The Washington Post*, 3.2.2014.

111 Charlotte Boitiaux, *France 24*, 5.9.2014.

112 Aboubaker Djaber Eldjazaïri, *La voie du musulman*, Le Pré-Saint-Gervais 1986, S. 77.

113 Jean-Pierre Perrin, *Libération*, 23.6.2014.

114 Farah Abada, *France 24*, 29.8.2014.

115 *L'Orient-Le Jour*, 26.9.2014.

116 Reportage von *VICE News*, „The Spread of the Caliphate, the Islamic State", August 2014.

117 Video von *Al-Furqan Media*, „Clanging of the sword", 6.1.2014.

118 „Wir glauben, dass diese Jugend die des Kalifats sein wird, mit der Hilfe Gottes wird sie sich erheben und gegen die Ungläubigen und Abtrünnigen, gegen die Amerikaner und ihre Verbündeten kämpfen", erklärte ein Dschihadist gegenüber *VICE News*.

119 „L'État islamique est en train d'apprendre très vite comment gérer un pays", *Foreign Policy*, www.slate.fr, 21.8.2014.

120 Boris Vichith, Daniel Vallot, „Irak: Scepticisme à Bagdad après la proclamation d'un califat", *RFI*, 30.6.2014.

121 „La prise de Mossoul par l'EIIL laisse Maliki sans marge de manœuvre", *RFI*, 11.6.2014.

122 Ben Hubbard et al., „Life in a Jihadist Capital: Order With a Darker Side", *New York Times*, 23.7.2014; Stimme eines Lehrers: „Was ich hier in Rakka sehe, zeigt mir, dass der IS weiß, wie man auf gerechte Weise eine Stadt regiert."

123 Wie ein Unternehmen veröffentlicht er monatliche Tätigkeitsberichte, so im Juni 2014: „Islamic state report: an insight into the Islamic state", *Alhayat Media Center*, Sha'ban 1435.

124 Siehe die bereits zitierte Reportage von Medyan Dairieh, *VICE* News.

125 „Life in a Jihadist Capital: Order with a Darker Side", a.a.O.

126 „Two Arab countries fall apart", *The Economist*, 12.6.2014.

127 Im Irak rekrutieren sich etwa 60 Prozent der Kämpfer aus der lokalen Bevölkerung, in Syrien nur knapp die Hälfte, *L'Orient-Le Jour*, 21.8.2014, und die Syrische Beobachtungsstelle für Menschenrechte.

128 Die *New York Times* vom 22.8.2014 schätzt die Zahl der IS-Kämpfer auf 1017.000; die CIA ging im Juli 2014 von 10.000, im September 2014 von 20.000 Kämpfern im Irak aus.

129 Zahlen des National Counterterrorism Center (NCTC) der USA, zitiert in einem Beitrag von RFI, 27.9.2014.

130 Die Syrische Beobachtungsstelle für Menschenrechte gab am 19. August 2014 die Zahl neuer Mitglieder allein im Juli mit 6.000 an, allerdings hat

diese NGO eine gewisse Tendenz, in ihren Schätzungen zu hoch zu greifen.

131 AFP, 8.9.2014; Hasnian Kazim, „Rekrutierung in Pakistan: Islamischer Staat umwirbt Tausende neue Kämpfer", *Der Spiegel*, 4.9.2014. Da al-Qaida seine Aktionen aus der Region Afghanistan-Pakistan steuert, heißt das, dass der IS sich jetzt auch anschickt, die Hochburgen dieser Organisation zu erobern.

132 Zu den prominentesten militärischen Führern gehört der Tschetschene Abu Omar al-Schischani; vgl. „Chechen fighter emerges as face of Iraq militant group", *Fox News* (AP), 2.7.2014.

133 Im Juni 2014 schätzte der tunesische Innenminister die Zahl seiner Landsleute, die im Irak, zumeist auf Seiten des IS, kämpften, auf 2.400.

134 Paule Rouzé, „L'itinéraire d'un djihadiste américain tué en Syrie", *Le Figaro*, 27.8.2014.

135 Genauso analysierte es Ibn Khaldun in seinen *Muqaddima*: „Der Souverän kann die Macht nur mit Hilfe seiner eigenen Getreuen erringen. [...] Er schickt sie gegen jene in den Kampf, die sich gegen seine Dynastie erheben. Er nimmt sie in Scharen in seinen Verwaltungsdienst auf, ernennt sie zu Wesiren, beauftragt sie mit dem Eintreiben der Steuern. [...] So geht es während der ersten Phase einer Dynastie, aber dann kommt die zweite Phase, in der der Souverän die Unabhängigkeit von seinem eigenen Volk beweisen möchte: Er beansprucht allen Ruhm für sich allein und beseitigt auf brutale Art seine Weggefährten. [...] So werden sie seine Feinde, und um sie daran zu hindern, die Macht an sich zu reißen, braucht er andere Freunde, die von anderswoher kommen, um sich ihrer gegen seine eigenen Leute zu bedienen."

136 So erklärte „Emir" Omar Diaby, Anführer einer Brigade von 80 französischen Kämpfern in Syrien, seinen Bruch mit Da'ish folgendermaßen: „Die IS-Leute sind nichts als Verbrecher, deren kriminelle Haltung sich offenbart, sobald man ihnen eine Waffe in die Hand drückt", *L'Orient-Le Jour*, 4.6.2014.

137 Anthony Samrani, „De la petite délinquance à l'islam djihadiste en seulement trois mois", *L'Orient-Le Jour*, 1.9.2014.

138 *France 24*, 5.9.2014; Charlotte Boitiaux, „Djihad européen, l'alerte rouge", *L'Opinion*, 4.6.2014.

139 „Isis militants parade military muscle in Raqqa, Syria", *The Guardian*, 1.7.2014.

140 Mehmet Kemal Firik, „ISIS's Weapon Inventory Grows", *Daily Sabah*, 4.7.2014. Der Islamische Staat soll das Material von vier Panzerdivisionen der irakischen Armee erbeutet haben, in welchem Zustand, ist unbekannt.

141 Jeremy Bender, „ISIS militants capture 52 american-made artillery weapons", *Business Insider*, 15.7.2014.

142 „ISIS parades ballistic Scud missile in Syrian town", *Al-Arabiya*, 2.7.2014.

143 Auf dem Computer eines Dschihadisten fand man im Januar 2014 sehr vage Pläne in diese Richtung: „Verwendet kleine Sprengkörper, die mit Viren verseucht sind, und schleudert sie in geschlossen Räume wie U-Bahnen,

Fußballstadien oder Konzertsäle. [...] Am besten tut ihr dies in der Nähe von Klimaanlagen. Ihr könnt auch Selbstmordattentate dafür nutzen." Es ist durchaus möglich, dass der IS mit der Zeit lernt, solche Waffen einzusetzen (*Le Figaro*, 1.9.2014). Wie die staatliche iranische Rundfunkgesellschaft IRIB am 21. September 2014 meldete, konnte am Vortag im Osten Iraks ein Chlorgas-Anschlag vereitelt werden.

144 Jeremy Binnie, „Iraqi Abrams losses revealed", *IHS Jane's Defence Weekly*, 20.6.2014.

145 Thomas Gibbons-Neff, „Islamic state might have taken advanced MANPADS from syrian airfield", *Washington Post*, 25.8.2014.

146 Thomas Gibbons-Neff, „ISIS propaganda videos show their weapons, skills in Iraq", *Washington Post*, 18.6.2014.

147 Abdallah Bagdad, Haydar Eloui, Ali al-Mousawi, *France 24*, 17.6.2014.

148 Jessica Lewis, „The Islamic State of Iraq returns to Diyala", Institute for the Study of War, April 2014.

149 Informationen des irakischen Nachrichtensenders *Al-Ikhbariya*, zitiert von *RIA Novosti*, 3.9.2014.

150 AFP, 4.9.2014.

151 Situationsbericht des Institute for the Study of War, 25./26.9.2014.

152 Abdallah Suleiman Ali, Steffi Chakti, „ISIS gains from Iraqi military defectors", *Al Monitor*, 11.6.2014.

153 Alex Bilger, Institute for the Study of War, 28.3.2014.

154 Charlotte Boitiaux, *France 24*, 5.9.2014.

155 Der deutsche Minister für wirtschaftliche Zusammenarbeit und Entwicklung Gerd Müller verwies direkt auf Katar, fügte aber hinzu, dass das Emirat höchstens 5 Prozent zur Finanzierung des IS beitrage, *L'Orient-Le Jour*, 21.8.2014.

156 „Daech et l'argent", *L'Orient-Le Jour*, 30.6.2014.

157 Jean-Pierre Perrin, *Libération*, 13.6.2014.

158 Ebd.

159 „La vie quotidienne à Mossoul, sous le califat", *Media24*, 12.8.2014.

160 Catherine Gouëset, „Peut-on arrêter la progression de l'État islamique en Irak et au Levant?", *L'Express*, 11.6.2014.

161 Elie Masboungi, „À Mossoul, 700 femmes yazidies ont été vendues sur la place publique à 150 dollars pièce", *L'Orient-Le Jour*, 15.8.2014.

162 Jean Comte, „Qui soutient l'État islamique?", *La Croix*, 18.8.2014.

163 Cécile Hennion, „Ces alliances hétéroclites qui renforcent l'EIIL en Irak", *Le Monde*, 20.6.2014.

164 „Mit dem Verkauf von Erdöl nimmt der IS pro Tag drei Millionen Dollar ein", *Anadolu Agency*, 26.8.2014. Das ist sicherlich zu hoch gegriffen.

165 „Irak: L'EIIL vend le pétrole irakien", IRIB, 2.7.2014.

166 *La Croix*, 18.8.2014. „Derzeit nehmen die Großhändler in der Türkei deutlich

weniger ab", so Alain Rodier, Direktor des Centre Français de Recherche sur le Renseignement (CF2R) und ehemaliger Offizier des französischen Geheimdienstes.

167 *Ria Novosti*, 26.9.2014.

168 Maha Salem, *Al-Ahram Hebdo*, 2.7.2014.

169 Die Nusra-Front hat dem Libanon und der Hisbollah offen gedroht und zur Solidarität mit den sunnitischen Flüchtlingen aus Syrien im Libanon aufgerufen; vgl. *L'Orient-Le Jour,* 26.9. und 27.9.2014.

170 Raniah Salloum, „Protest gegen Islamisten: Libanesen starten ›Burn-IS-Flag-Challenge‹", *Der Spiegel*, 4.9.2014.

171 IRIB, 11.9.2014; *France 24*, 5.9.2014.

172 Samar Al-Gamal, *Al-Ahram Hebdo*, 20.8.2014. In Jordanien wurden am 22. September elf IS-Dschihadisten festgenommen (Nachrichtenagentur Xinhua/Neues China).

173 „Algeria's al-Qaeda defectors join IS group", *Al-Jazeera*, 14.9.2014, http://www.aljazeera.com/news/middleeast/2014/09/algeria-al-qaeda-defectors-join-group-201491412191159416.html.

174 David Thomson, „Assassinat d'Hervé Gourdel: Les origines du groupe Jund al-Khalifa", RFI, 26.9.2014.

175 *Al-Watan* (führende Tageszeitung in Saudi-Arabien), 22.9.2014.

176 Cyril Bensimon, „Boko Haram annonce la formation d'un califat islamique dans le nord du Nigéria", *Le Monde*, 26.8.2014.

177 Mélanie Mataresse, „L'État islamique gagne du terrain au Maghreb", *Le Figaro*, 22.8.2014.

178 „Aaron Zelin, en Libye, Ansar al-Charia n'a pas subi de défaite", Interview mit Aaron Zelin vom Washingtoner Institut für Nahostpolitik und Mitglied der in London basierten Denkfabrik *The International Centre for the Study of Radicalisation and Political Violence* (ICSR), RFI, 29.5.2014; Bernard Lugan, „Libye: est-il encore possible d'empêcher la création d'un État islamique d'Afrique du Nord?", bernardlugan.blogspot.com.

179 Bernard Wicht (lehrt Strategie an der Universität Lausanne), „La petite révolution tactique de l'État islamique en Irak", *Agefi Suisse*, 19.9.2014. Am 22. September rief der IS die Muslime dazu auf, Franzosen und Amerikaner zu töten. Am gleichen Tag wurde der Franzose Hervé Gourdel in Algerien entführt und zwei Tage später exekutiert (AFP).

180 François Burgat (Forschungsdirektor am *Institut de recherches et d'études sur le monde arabe et musulman*/IREMAM) im Interview mit *JOL Press*, 9.9.2014.

181 Brian Fishman, „Redefining the Islamic State", New America Foundation, August 2011.

182 Etwa die Gruppierung *Al-Qaida auf der Arabischen Halbinsel* (AQPA); vgl. Interview mit Dominique Thomas (EHESS), *Le Monde*, 16.6.2014.

183 Das Bündnis zwischen der saudischen Monarchie und den USA hat diese

Haltung noch verstärkt. Badr al-Din Ibn Jama'a, der Kadi von Damaskus (gest. 1333) beschrieb politische Macht ganz nüchtern wie folgt: „Der Herrscher hat das Recht, so lange zu regieren, bis ein Stärkerer die Macht an sich reißt und an seiner Stelle regiert; jede Herrschaft ist besser als ein Machtvakuum, auch wenn es gute Gründe gibt, sie zu kritisieren; zwischen zwei Übeln soll man das kleinere wählen"; zitiert in Denise Aigle, „La conception du pouvoir en islam", a.a.O., S. 39.

184 Ulrike Putz, „Neue Kämpferzelle in Indien: Al-Qaida und IS streiten sich um Terror-Nachwuchs", *Der Spiegel*, 4.9.2014.

185 Laurent de Saint-Périer, *Jeune Afrique*, 4.7.2014.

186 „Hilferuf aus Syrien: Britische Dschihadisten wollen nach Hause", *Der Spiegel*, 5.9.2014. Im Januar 2014 verließ der französische Dschihadist Mourad Fares ISIS aus denselben Gründen; vgl. Olivier Toscer, „Djihad en Syrie, Mourad Fares, star de la djihadosphère", *Le Nouvel Observateur*, 12.9.2014.

187 Jean-Pierre Perrin, „Al-Qaeda au Yémen et au Maghreb appellent au jihad commun", *Libération*, 16.9.2014.

188 Äußerung des Sprechers der Nusra-Front Abu Firas al-Suri am 28.9.2014 in einer Videobotschaft.

189 Da der Sufismus die geistige Einheit mit Gott anstrebt, vergeht er sich an der Größe Gottes. Der Marabutismus wird als heidnisch abgetan. Verpönt sind auch die Wallfahrten zu den Mausoleen verstorbener Shaikhs, die in der Bevölkerung als Heilige verehrt werden. Dies sei schlichtweg Götzendienst. Vgl. zu den Wurzeln des Islamismus Gilles Kepel, *Das Schwarzbuch des Dschihad. Aufstieg und Niedergang des Islamismus*, München 2004; Bruno Étienne, *Islam, les questions qui fâchent*, Bayard 2003.

190 Bruno Étienne, a.a.O., S. 115 f. „Diese Gruppen erinnern daran, dass die orthodoxe Formel für die muslimische Idealstadt folgende Rangfolge respektieren muss: Erst kommt die Religion (*din*), dann die diesseitige Welt (*dunya*) und dann der Staat (*daula*)" (ebd., S. 90).

191 *L'Orient-Le Jour*, 1.9.2014.

192 „Mit dem Islam haben extremistische und terroristische Ideen nichts zu tun. Sie sind sein größter Feind, und ihre ersten Opfer sind Muslime." (Shaikh Abdel Aziz al-Sheikh, Großmufti des saudischen Königreichs, in einer Pressemitteilung, die am 19.8.2014 von der amtlichen Nachrichtenagentur *Saudi Press Agency*/SPA veröffentlicht wurde.) Der Shaikh hat sich gegen den IS ausgesprochen, weil er Muslime tötet, die Minderheiten hat er dabei unerwähnt gelassen.

193 Am 25. September 2011 führte der saudische König das aktive und passive Wahlrecht für Frauen auf Kommunalebene ein – den einzigen Wahlen im Lande. Am 11. Januar 2013 berief er 30 Frauen in den 150-köpfigen beratenden Ministerrat.

194 Die AQAH ist im Jemen sehr einflussreich. Das Land könnte als Sprungbrett

nach Saudi-Arabien dienen. Der Al-Qaida-Ableger hat seine „Solidarität" mit den „Brüdern vom IS" erklärt, die im Irak und in Syrien kämpfen.

195 Tossa Mustapha, „L'Arabie Saoudite entre en guerre contre les Frères Musulmans", www.huffingtonpost.fr, 17.3.2014.

196 *Le Nouvel Observateur*-AFP, 9.9.2014.

197 Interview mit Frédéric Pichon, *Le Figaro*, 12.9.2014.

198 Laut IRIB rekrutiert das Königreich pakistanische Dschihadisten, um in Syrien zu kämpfen, und zahlt ihnen einen Sold (2.7.2014).

199 Bestimmte Neigungen und das Verwenden von Gebetsschnüren werden vehement abgelehnt.

200 Interview mit Romain Caillet, *L'Orient-Le Jour*, 21.7.2014.

201 Die katarische Politik wird von den Verteidigern des „schiitischen Halbmonds" (Libanon, Irak und Iran) mit wiederkehrender Regelmäßigkeit an den Pranger gestellt.

202 Jean Comte, „Qui soutient l'État islamique?", *La Croix*, 18.8.2014. Ahmed Jarba, Vertreter der gemäßigten syrischen Rebellen, erklärte: „Manche Herrscher dachten, sie könnten Terroristen wie Söldner für ihre Zwecke nutzen, doch dann sahen sie sich plötzlich mit Organisationen konfrontiert, die die Gunst der Stunde nutzten, um ihr eigenes Programm durchzuziehen"; vgl. „How our allies in Kuwait and Qatar funded Islamic State?", *The Telegraph*, 6.9.2014.

203 Pascal Airault, „Comment se finance l'État islamique en Irak et au Levant?", *L'Opinion*, 24.6.2014.

204 „Qui approvisionne Daesh en armement?", IRIB, 22.6.2014. Diese iranischen Anschuldigungen werden auch von ägyptischer Seite erhoben: „Le Qatar, dépassé par son soutien à l'État islamique", RFI, 24.8.2014.

205 Am 24. August 2014 erklärte der Außenminister im Radiosender RFI-Qatar: „Wie viele andere Länder unterstützt auch Katar die syrische Opposition, finanziert aber nicht den Islamischen Staat."

206 Jean Comte, „Qui soutient l'État islamique?", a.a.O.; ein neues Gesetz schreibt vor, dass Vereinigungen, die Zuwendungen für „humanitäre Zwecke" erhalten, eine staatliche Genehmigung dafür brauchen.

207 „EI: les USA redoutent l'effet boomerang", *Le Figaro,* 10.9.2014.

208 *Jeune Afrique*, 19 .9.2014.

209 So auch der Vorsitzende des *Weltverbands muslimischer Ulemas* mit Sitz in Doha, Yusuf al-Qaradawi; vgl. Abdallah Bagdad, Haydar Eloui, Ali Al-Mousawi, *France 24*, 17.6.2014.

210 RFI, 12.9.2014.

211 „Les Kurdes faiseurs de rois dans un Irak morcelé", *L'Opinion*, 12.6.2014.

212 Flichy/Hanne, *Guerres à l'horizon*, a.a.O., S. 69–71.

213 *Jeune Afrique*, 19.9.2014; Frédéric Pichon, *Syrie: pourquoi l'Occident s'est trompé,* a.a.O.

214 „Les ambivalences d'Ankara face à l'EIIL", *La Croix*, 18.8.2014.

215 Daniel Pipes, „Turkish Support for ISIS", *Washington Times*, 18.6.2014.

216 „Turquie: La justice inculpe 13 militaires", *L'Orient-Le Jour*-AFP, 22.9.2014.

217 „Syrie: 47 tonnes d'aide militaire turque à la rébellion", *RTBF*, 16.12.2013.

218 Olivier Toscer, „Djihad en Syrie, Mourad Fares, star de la djihadosphère", *Le Nouvel Observateur*, 12.9.2014.

219 IRIB, 8.9.2014 und 15.9.2014. Die Nachrichtenagentur gibt die – zweifellos übertriebene – Zahl von 22.000 IS-Kämpfern an, die in der Türkei ausgebildet wurden.

220 RFI, 12.9.2014.

221 David E. Sanger, Julie H. Davis, „Struggling to Starve ISIS of Oil Revenue, U.S. Seeks Assistance From Turkey", *New York Times*, 13.9.2014.

222 RFI, 17.9.2014; „EI: La Turquie ne participe pas aux opérations", *Le Figaro*-AFP, 11.9.2014.

223 Wir folgen hier der Analyse von Hosham Dawod, „Les réactions irakiennes à la crise syrienne", a.a.O.

224 Wie der französische Forscher Arthur Quesnay nahelegt, haben die Peschmerga nichts unternommen, als die irakischen Truppen im Sommer 2014 ihr Debakel erlebten; vgl. „Vers la fin des frontières de Sykes-Picot?", *L'Orient-Le Jour*, 23.6.2014.

225 Kendal Nazel, Direktor des kurdischen Instituts in Paris, im Interview mit Camille Bordenet: „Les Kurdes, un peuple éclaté entre quatre pays", *Le Monde*, 9.9.2014. 2011 unterzeichnete der amerikanische Ölkonzern Exxon Mobile Corp. mit Kurdistan einen Vertrag über die Ölförderung mit einer Laufzeit von 20 Jahren, der danach verlängert werden kann; offizielle Website von *Corporate Exxonmobile*, Jean-René Belliard, „Le pétrole: prochain enjeu des affrontements entre Kurdes et Jihadistes", *La Tribune de Genève*, 30.6.2014.

226 Der Ministerpräsident der Region, Nechirvan Idris Barzani, erklärte am 16. Juni gegenüber BBC: „Wer glaubt, der Irak würde wieder so werden wie vor Mosul, nein, ich denke, das ist fast unmöglich."

227 Die USA waren gegen eine Teilung des Irak. Ihrer Einschätzung nach würde dies die Instabilität in der Region nur noch vergrößern; vgl. Colonel Ralph Peters, „Blood borders", *Armed Forces Journal*, 2006.

228 „Irak, la France a livré des armes aux Kurdes", *Le Figaro*, 17.8.2014; Humeyra Pamuk, „Les Kurdes avancent vers Mossoul avec l'appui de frappes US", *Reuters France*, 17.8.2014.

229 Interview mit Mathieu Guidère, *20Minutes.fr*, 18.8.2014.

230 Christophe Lamfalussy, „Irak: une petite milice chrétienne défend son village et son monastère", *La Libre Belgique*, 11.9.2014; diese Milizen kämpfen im Norden des Landes und sollen von ehemaligen Kämpfern der libanesischen Phalange-Miliz ausgebildet worden sein; vgl. *L'Orient-Le Jour*, 27.9.2014.

231 Luc Mathieu, „Nouri al-Maliki voit l'Irak lui échapper", *Libération*, 11.8.2014.

232 „La formation du gouvernement irakien entre dans une phase décisive", *France 24*, 9.9.2014.

233 *Al-Jazeera*, 10.9.2014.

234 „Le gouvernement irakien, cœur de la lutte contre l'EI – Kerry", Reuters-*Boursorama.com*, 11.9.2014. Das Ende der Belagerung von Amerli am 11. September wurde vom irakischen Staat im Bemühen, seine Legitimität wiederherzustellen, groß herausgestrichen. Die Armee verkündete stolz, dass der Sieg durch die Zusammenarbeit mit den Kurden und der amerikanischen Luftwaffe ermöglicht wurde, und dass die Dschihadisten umgehend zurückgewichen seien; vgl. *TF1*, Nachrichtensendung „Journal de 20 heures", 11.9.2014.

235 „Irak: les milices chiites, un pari risqué de Bagdad", Reuters-RFI, 31.8.2014.

236 „Moqtada al-Sadr said Iraq should not cooperate with occupiers", *World Bulletin*, 10.9.2014.

237 Adrien Jaulmes, „L'Irak prolonge son expérience démocratique", *Le Figaro*, 30.1.2009.

238 „Sunni tribes in Iraq take up arms against the Islamic State", *Middle East Eye*, 15.8.2014; RFI, 18.8.2014; Martin van der Galen, *Dagelijkse Standaard*, 17.8.2014. 300 bis 500 Mann vom sunnitischen Stamm der Izza wurden bei Mansurija zum Schutz gegen den IS stationiert (Institute for Study of War, 17.9.2014). Der Stamm der Dschuburi, dessen Angehörige in Saddam Husseins Geheimdiensten allgegenwärtig waren, hat sich im September der *Erwachen*-Allianz angeschlossen und Dulujia befreit (Anadolu Agency, 16.9.2014).

239 Diese Meldung wurde ausschließlich durch die iranische Nachrichtenagentur IRIB verbreitet, 26.9.2014.

240 Michael R. Gordon, Helen Cooper, „U.S. General Says Raiding Syria Is Key to Halting ISIS", *New York Times*, 21.8.2014.

241 Im August 2011 wollten die USA lediglich wirtschaftlichen Druck auf Syrien ausüben, doch schon bald wurden Geld und Soldaten geschickt. Die 1. US-Panzerdivision aus Fort Bliss schickte 200 Männer nach Jordanien, um Aufständische auszubilden, die sich der Freien Armee Syriens angeschlossen hatten; vgl. Quentin Michaud, „200 soldats américains déployés en Jordanie", *infosdefense*, 17.4.2013.

242 Communiqué des Sprechers des Weißen Hauses, 3.8.2014.

243 Olivier Hanne, Thomas Flichy, „État islamique: le monde va voir naître une étatisation du djihadisme", *Le Nouvel Observateur, Le Plus*, 31.8.2014.

244 *Le Nouvel Observateur*-AFP, 9.9.2014.

245 IRIB. Der iranische Parlamentspräsident Ali Laridschani wurde konkreter: „Die Vereinigten Staaten spielen mit dem Feuer, und sie müssen wissen, dass sie Syrien nicht einfach unter dem Vorwand angreifen können, die IS-

Dschihadisten zu bekämpfen. Tun sie es doch, dann gerät in der Region alles außer Kontrolle und es wird einen Flächenbrand geben." (RFI, 13.9.2014).

246 Lorraine Millot, „Les huit contradictions de la stratégie d'Obama face à l'État islamique", *Libération*, 11.9.2014.

247 Im September warnten die US-Sicherheitsbehörden vor einer neuen, al-Qaida nahestehenden Terrorgruppe in Syrien namens *Khorasan* (vgl. „Khorassan, l'autre menace venue d'Irak", *Al-Watan*, 25.9.2014). Ein Journalist von *Al-Jazeera* bezweifelte, dass es diese Gruppe überhaupt gibt, vielmehr sei sie eine Erfindung der USA, um die Spannungen in Syrien aufrechtzuerhalten; vgl. Imran Khan, „Khorasan, The group that isn't", 24.9.2014.

248 Im September wurde in Frankreich Kritik laut, unter anderem seitens des früheren Premiers Dominique de Villepin und des linksradikalen Jean-Luc Mélanchon; vgl. Jean-Pierre Perrin, Thomas Hofnung, „Contre l'État islamique, une guerre qui se cherche", *Libération*, 23.9.2014.

249 Olivier Hanne, Thomas Flichy de la Neuville, „État islamique, la guerre par procuration des États-Unis", *Le Nouvel Observateur, Le Plus*, 12.9.2014.

250 Die Syrische Beobachtungsstelle für Menschenrechte meldet für den Zeitraum vom 23. bis 27. September von 141 getöteten Dschihadisten, darunter 129 aus dem Ausland (*France 24*-AFP, 27.9.2014). In der strategisch wichtigen Schlacht um Kobane im September/Oktober soll es tausend Tote gegeben haben, darunter 60 % Islamisten, 37 % kurdische Soldaten und 3 % Zivilisten (AFP-*Le Nouvel Observateur*, 1.11.2014).

251 So der russische Außenminister Sergej Lawrow auf der UN-Generalversammlung in New York am 27. September 2014.

252 Man denke an das *Institute for the Study of War* oder den *National Intelligence Council* (NIC), in dessen Bericht *Mapping the Global Future* (2004) eines der Zukunftsszenarien die Einrichtung eines Kalifats und dschihadistische Territorien vorhersah: „2020 wird al-Qaida von radikalislamischen Gruppierungen ähnlicher Prägung entmachtet worden sein, die sich der Globalisierung entgegenstellen [...]".

253 Die Koinzidenz der Ereignisse ist verblüffend: Während der französische Premier Manuel Valls vor der Nationalversammlung für die Teilnahme Frankreichs an den Luftschlägen im Irak warb, kam die Meldung von der Ermordung Hervé Gourdels in der Kabylei; am selben Abend bekräftigte Staatspräsident Hollande, zu diesem Zeitpunkt in New York, vor der UNO: „Wir werden keiner Erpressung nachgeben"; vgl. „Hollande: Hervé Gourdel a été assassiné lâchement, cruellement", *Le Figaro*, 24.9. 2014.

254 Offenbar wurde die Information über die bevorstehende Bombardierung der Stadt Rakka (am 23. September 2014) von den USA oder ihren Alliierten der Assad-Regierung zugespielt („Les États-Unis ne veulent pas laisser de sanctuaire à l'État islamique", *Le Monde*-AFP-Reuters, 23.9.2014).

255 „Ob man will oder nicht, und trotz seiner abscheulichen Methoden, ist und

bleibt das syrische Regime ein Gesprächspartner"; Didier Billion (Vizedirektor des *Institut de relations internationales et stratégiques,* IRIS), Interview in *La Croix*, 29.9.2014.

256 IRIB, 14.9.2014.

257 IRIB, 18.6.2014 und „La stratégie de l'Occident: éradiquer l'EI ou lui rendre service?!", 3.9.2014.

258 „Iran backs US military contacts' to fight Islamic State", *BBC News*, 5.9.2014.

259 Präsident Hollande erklärte auf dem Jahrestreffen der Botschafter in Frankreich am 28. August, Iran könne an einer internationalen Konferenz über die Sicherheit in der Region teilnehmen (im Dezember 2013, als es um Syrien ging, war dies dem Land noch verweigert worden).

260 Ahmad Bakhschayesch, Abgeordneter und Mitglied der parlamentarischen Kommission für nationale Sicherheit und Außenpolitik des Iran (IRIB, 14.9.2014).

261 Die Meldungen über im Irak gefallene iranische Piloten und Milizionäre zeigen, dass Teheran den Einsatz größerer Truppenkontingente vermeiden möchte, weil das Problem der Dschihadisten aus seiner Sicht nicht mit militärischen Mitteln gelöst werden kann; vgl. Bernard Hourcade, „L'Iran face à la menace de l'État islamique", *www.OrientXXI.info*, 3.8.2014.

262 Interview mit dem russischen Vizeaußenminister Gennady Gatilov, *Ria Novosti*, 7.9.2014. Auch die japanische Presse zeigt sich besonders streng, so *Asahi Express*.

263 Mikhail Margelov, Vorsitzender des Ausschusses für Internationale Angelegenheiten des Rates der Russischen Föderation: „Es sind tatsächlich IS-Ableger in Russland präsent, nicht nur im Nordkaukasus, sondern auch im Süden des Landes " (*Ria Novosti*, 4.9.2014).

264 Die Tsarnaev-Brüder erhielten ihre Militärausbildung in Tschetschenien und Dagestan; das Emirat hat jede Beteiligung zurückgewiesen, zumal es sich nicht als Feind der USA betrachtet.

265 „Der Großmufti von Syrien spricht von mehr als 3.000 Milizionären aus der Russischen Föderation und den Ländern der früheren Sowjetunion", *News. va* (Vatikan), September 2013.

266 Ramsan A. Kadyrow, Präsident der Teilrepublik Tschetschenien, nimmt den IS ins Visier: „Ich versichere Ihnen im vollen Bewusstsein meiner Verantwortung, dass wir denjenigen, der die Idee hatte, Drohungen gegen Russland und den Namen unseres Staatspräsidenten Wladimir Putin auszusprechen, vernichten werden, und zwa.a.O.t des Geschehens. [...] Banditen sind das, ausgebildet und ausgerüstet durch die Vereinigten Staaten und den Westen, um die bedeutenden, reichen Ressourcen der muslimischen Länder eigenhändig zu zerstören", *Gazeta.ru*, 3.9.2014.

267 Die von den US-Forschern des *Institute for the Study of War* vorgelegten Kampfszenarien gegen den IS sehen alle eine militärische Intervention

am Boden vor: „Man muss den Feind finden und festsetzen, [...] ihn daran hindern, den Euphrat und das Tal zwischen Haditha und Ramadi einzunehmen; [...] den IS zum Rückzug in seine Stellungen zwingen, bevor er Aleppo oder strategisch wichtige Ortschaften nahe der Türkei einnimmt" usw. („A Strategy to defeat the Islamic State", September 2014).

268 RFI, 11.9.2014.

269 IRIB, 15.9.2014.

270 Die Position von Didier Billion (Vizedirektor des *Institut de relations internationales et stratégiques,* IRIS) erscheint sehr idealistisch (vgl. „État islamique: 4 moyens de le combattre sans répéter les erreurs du passé", *Le Nouvel Observateur,* 15.9.2014): „Man muss die Einheit des irakischen Nationalstaats über alle anderen Konstrukte stellen, die auf ethnische oder konfessionelle Gemeinschaften bauen".

271 Sofiane Abi, „Le Daech se retourne contre ceux qui l'ont armé et financé", *Al-Watan,* 22.9.2014.

272 Nassib Hoteit, „Le Calife Obama", IRIB, 13.9.2014: „Amerika wird keinen Jagdhund töten, der so viel apportiert wie Da'ish und seine Schwestern".

273 IRIB, 14.9.2014: „Das Weiße Haus ist die Kommandozentrale von Da'ish", so die Meinung von General Mohammad Reza Nakdi, Chef der iranischen Basidsch-Milizen. Hassan Nasrallah, Chef der Hisbollah, will gerne glauben, dass kein Sunnit die Gräueltaten des IS begangen hat. Damit wäre die gezielte Manipulation durch die Amerikaner bewiesen. (IRIB, 12.9.2014)

274 Am 4. September 2014 wurde Abu Hadschir al-Suri, die rechte Hand al-Baghdadis, nach Hinweisen über seinen Aufenthaltsort durch die irakische Armee getötet. Ein Zeichen dafür, dass einige Dschihadisten durchaus bereit sind, Verrat zu üben, oder an den Kopfgeldern interessiert sind (AFP).

275 Dafür müssen bei allen künftigen Verhandlungen Russland und Iran unbedingt einbezogen werden; vgl. Interview mit Frédéric Pichon, *Le Figaro,* 12.9.2014.

276 François Burgat, Romain Caillet, „Une guérilla ›islamiste‹? Les composantes idéologiques de la révolte armée syrienne", in: *Les carnets de l'IREMAM,* 16.10.2013.